Impressum
Verlag: BABADADA GmbH, Nedderfeld 112 , 22529 Hamburg
Geschäftsführer / Verlagsleitung: Harald Hof
Druck: Books on Demand GmbH, In de Tarpen 42, 22848 Norderstedt

Imprint
Publisher: BABADADA GmbH, Nedderfeld 112 , 22529 Hamburg, Germany
Managing Director / Publishing direction: Harald Hof
Print: Books on Demand GmbH, In de Tarpen 42, 22848 Norderstedt

el colegio

ትምህርት ቤት

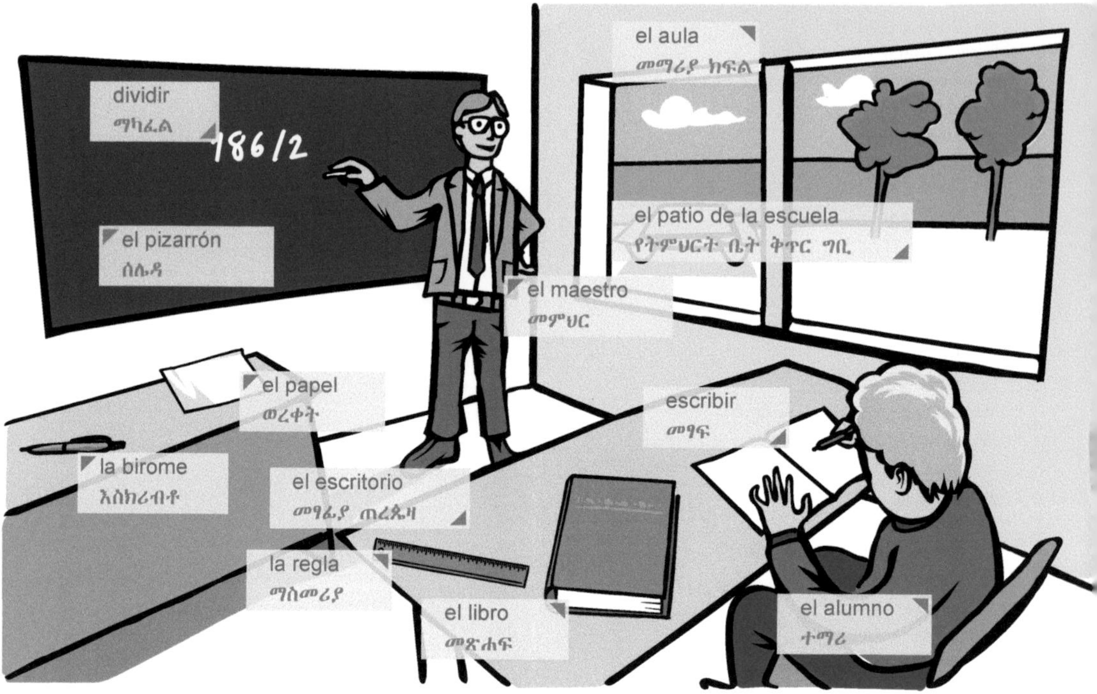
el aula
መማሪያ ክፍል
dividir
ማካፈል
186/2
el pizarrón
ሰሌዳ
el patio de la escuela
የትምህርት ቤት ቅጥር ግቢ
el maestro
መምህር
el papel
ወረቀት
escribir
መፃፍ
la birome
እስክሪብቶ
el escritorio
መፃፊያ ጠረጴዛ
la regla
ማስመሪያ
el libro
መጽሐፍ
el alumno
ተማሪ

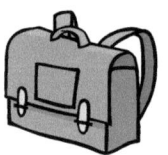

la mochila

የጀርባ ቦርሳ

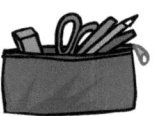

la caja de lápices

የእርሳስ መያዣ

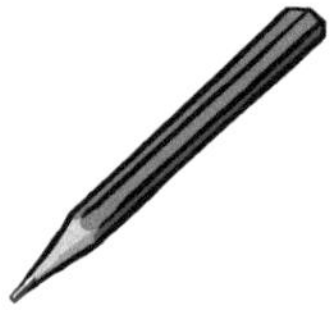

el lápiz

እርሳስ

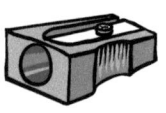

el sacapuntas

የእርሳስ መቅረጫ

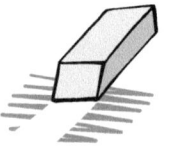

la goma (de borrar)

ላጲስ

el bloc de dibujo

የስዕል ደብተር

el dibujo

ስዕል

el pincel

ቀለም ብሩሽ

la caja de pinturas

ቀለም ሳጥን

la tijera

መቀስ

el pegamento

ማጣበቂያ

el cuaderno de ejercicios

መልመጃ ደብተር

la tarea

ቤት ስራ

12

el número

ቁጥር

2+2

sumar

መደመር

5-2

restar

መቀነስ

2×2

multiplicar

ማባዛት

calcular

ቁጥሮችን ማስላት

A

la letra

ደብዳቤ

ABCDEFG HIJKLMN OPQRSTU VWXYZ

el abecedario

ፊደላት

la palabra

ቃል

el texto

ፅሑፍ

leer

ማንበብ

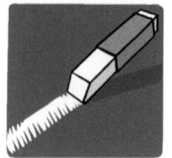

la tiza

ጠመኔ

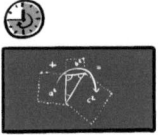

la lección

ትምህርት

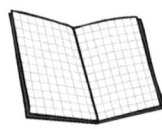

el cuaderno de clase

ምዝገባ

el examen

ፈተና

el certificado

ሰርተፊኬት

el uniforme escolar

የትምህርት ቤት የደንብ ልብስ

la educación

ትምህርት

la enciclopedia

አዉደ ጥበብ

la universidad

ዩኒቨርስቲ

el microscopio

የምርምር አጉሊ መሳርያ

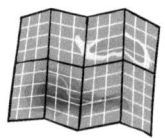

el mapa

ካርታ

el tacho (de basura)

የቆሻሻ ወረቀት መጣያ ቅርጫት

el viaje

ጉዞ

el hotel
ሆቴል
Grand
el hostel
ማረፊያ ቤት
ROOMS
EXCHANGE
la casa de cambio
የዉጭ ገንዘብ ምንዛሪ ቢሮ
la valija
ልብስ መያዣ
ሻንጣ
el auto
መኪና

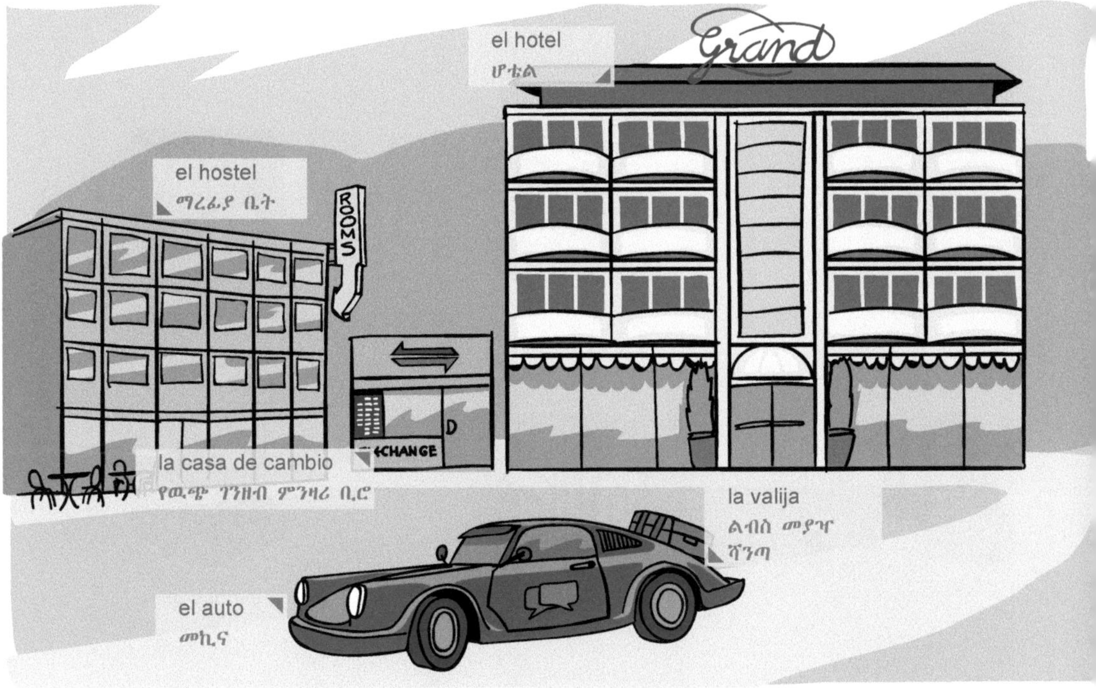

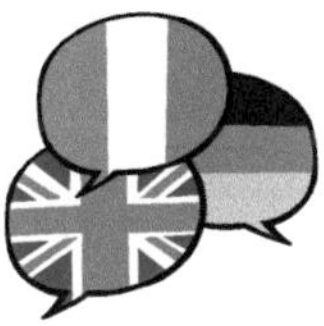

el idioma
ቋንቋ

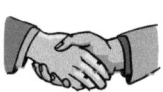

sí / no
አዎ/ አይደለም

Está bien
እሺ

hola
ሰላም

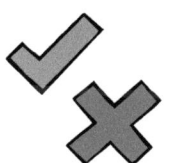

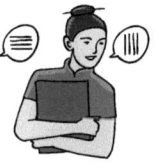

el traductor
አስተርጓሚ

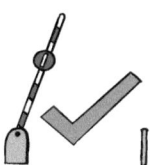

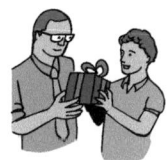

Gracias
አመሰግናለሁ

¿cuánto cuesta…?

ስንት ነዉ…….?

No entiendo

አልገባኝም

el problema

እክል

¡Buenas tardes!

እንደምን አመሹ!

¡Buenos días!

እንደምን አደሩ!

¡Buenas noches!

መልካም ምሽት!

el adiós

ደህና ይሰንብቱ

la dirección

አቅጣጫ

el equipaje

ሻንጣ

el bolso

ቦርሳ

la mochila

የጀርባ ቦርሳ

el invitado

እንግዳ

la habitación

ክፍል

la bolsa de dormir

የመተኛ ቦርሳ

la carpa

ድንኳን

la información turística

ጎብኚዎች መረጃ

la playa

ባህር ዳርቻ

la tarjeta de crédito

ክሬዲት ካርድ

el desayuno

ቁርስ

el almuerzo

ሳ

la cena

እራት

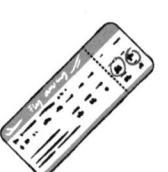

el pasaje

ቲኬት

el ascensor

አሳንስር

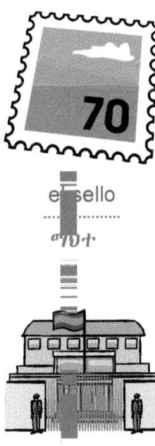

el sello

ማህተ

la frontera

ድንበር

la aduana

ባህሎች

la embajada

አ ባሲ.

la visa

ቪዛ/ ይለፍ ወረቀት

el pasaporte

ፓስፖርት

el transporte

መጓጓዣ

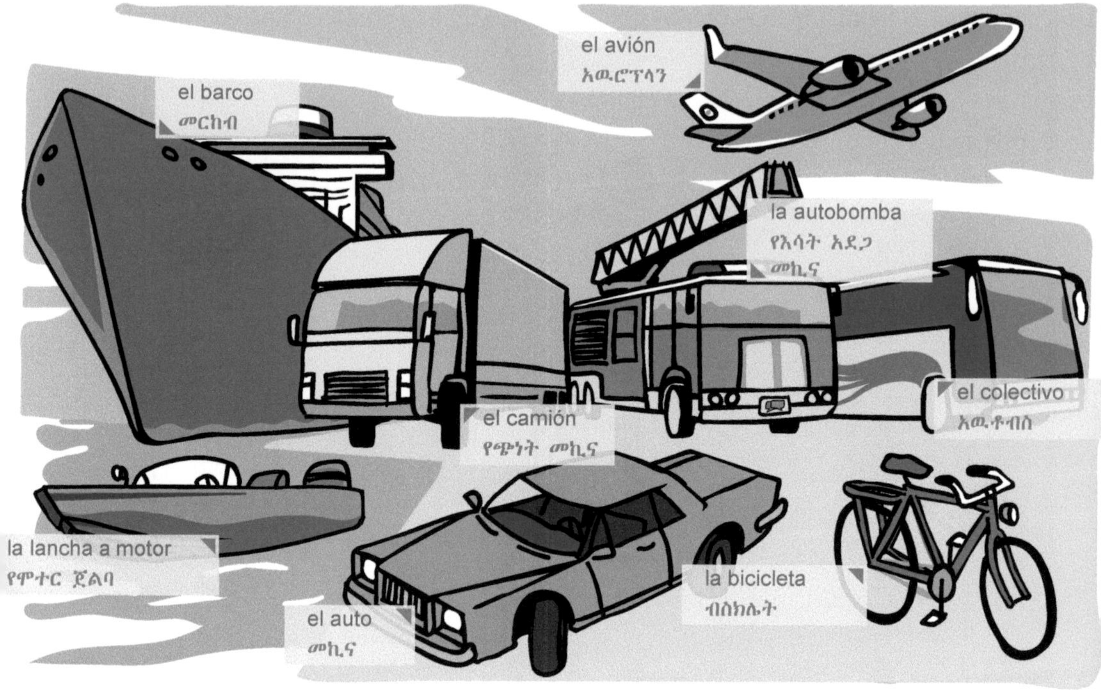
el avión
አዉሮፕላን
el barco
መርከብ
la autobomba
የእሳት አደጋ
መኪና
el camión
የጭነት መኪና
el colectivo
አዉቶብስ
la lancha a motor
የሞተር ጀልባ
la bicicleta
ብስክሌት
el auto
መኪና

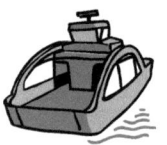

el ferry

የማመላለሻ ጀልባ

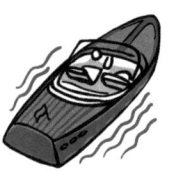

el bote

ጀልባ

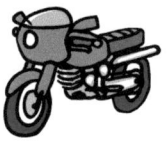

la moto

የሞተር ብስክሌት

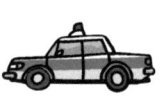

el patrullero

የፖሊስ መኪና

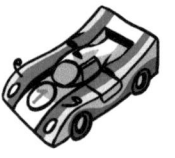

el auto de carreras

የዉድድር መኪና

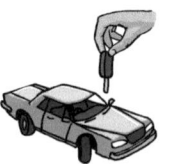

el auto de alquiler

የኪራይ መኪና

el alquiler de autos

የመኪና መጋራት

la grúa

ታች መኪና

el camión de la basura

የ ሻሻ ጭነት መኪና

el motor

ሞተር

la nafta

ነዳጅ

la estación de servicio

የቤንዚን ማደያ

la señal de tránsito

የመን ድ ምልክት

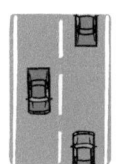

el tránsito

የመኪኖች እንቅስቃሴ

el embotellamiento

የመኪና መጨናነቅ

el estacionamiento

የመኪና ማ ሚያ

la estación de tren

የባቡር ጣቢያ

las vías

የባቡር ዲዶች

el tren

ባቡር

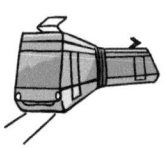

el tranvía

የኤሌክትሪክ ባቡር

cl vagón

ሰረ ላ

el helicóptero

ሄሊኮፕተር

el aeropuerto

አየር ማረፊያ

la torre

ማማ

el pasajero

መንገደኛ

el contenedor

ማስቀመጫ፣ ማጠራቀሚያ

la caja de cartón

ካርቶን እቃ ማሽጊያ

la carretilla

ጋሪ፣ ተሳቢ

la canasta

ቅርጫት

despegar / aterrizar

መነሳት/ ማረፍ

la ciudad

ከተማ

el pueblo

መንደር

el centro de la ciudad

የከተማ ማዕከል

la casa

ቤት

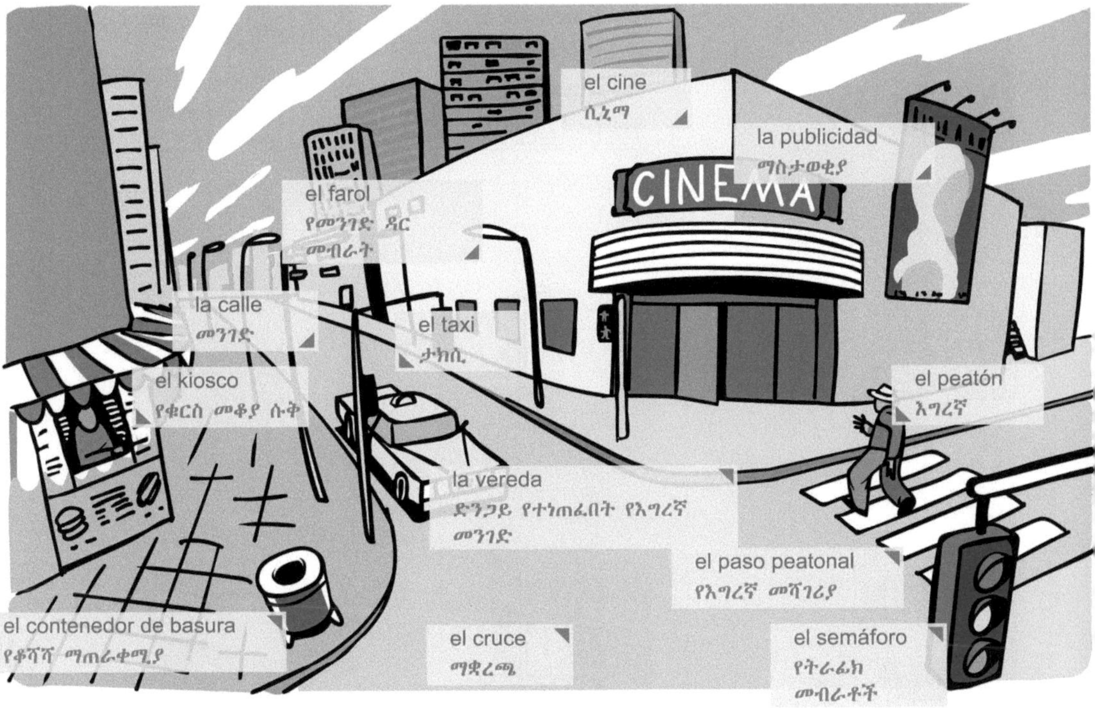

el cine
ሲኒማ

la publicidad
ማስታወቂያ

el farol
የመንገድ ዳር
መብራት

la calle
መንገድ

el taxi
ታክሲ

el peatón
እግረኛ

el kiosco
የቁርስ መቆያ ሱቅ

la vereda
ድንጋይ የተነጠፈበት የእግረኛ
መንገድ

el paso peatonal
የእግረኛ መሻገሪያ

el contenedor de basura
የቆሻሻ ማጠራቀሚያ

el cruce
ማቋረጫ

el semáforo
የትራፊክ
መብራቶች

la cabaña
ጎጆ

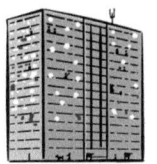

el departamento
አፓርታማ

la estación de tren
የባቡር ጣቢያ

la municipalidad
የከተማ አዳራሽ

el museo
ቤተ መዘከር

el colegio
ትምህርት ቤት

la ciudad - ከተማ

la universidad

ዩኒቨርሲቲ

el banco

ባንክ

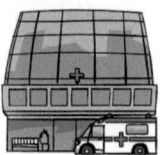

el hospital

ሆስፒታል

el hotel

ሆቴል

la farmacia

መድሐኒት ቤት

la oficina

ቢሮ

la librería

መፅሐፍ መሸጫ

el negocio

ሱቅ

la florería

የአበባ መሸጫ

el supermercado

የሽቀጣ ሽቀጥ መደብር

el mercado

ገበያ ስፍራ

las grandes tiendas

መደብር

la pescadería

የዓሳ ነጋዴ

el centro comercial

የገበያ ማዕከል

el puerto

ወደብ

el parque

መናፈሻ ቦታ

el banco

አግዳሚ ወንበር

el puente

ድልድይ

las escaleras

ደረጃዎች

el subte

ዉስጥ ለዉስጥ

el túnel

ዋሻ

la parada del colectivo

የአዉቶቡስ ፌርማታ

el bar

ባር

el restaurante

ምግብ ቤት

el buzón

የፖስታ ሳጥን

el letrero

የመንገድ ምልክት

el parquímetro

የመኪና ማቆሚያ ሒሳብ የሚያሰላ
ማሽን

el zoológico

የደር እንስሳት ማቆያ

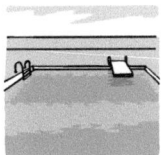

la pileta

የመዋኛ ገንዳ

la mezquita

መስጊድ

la granja

እርሻ

la contaminación

የሚበክል ነገር

el cementerio

መቃብር ስፍራ

la iglesia

ቤተ ክርስቲያን

los juegos infantiles

መጫወቻ ሜዳ

el templo

ቤተ መቅደስ

el paisaje
መልከዓምድር

la hoja
ቅጠል

el poste indicador
የመንገድ ላይ ምልክት

el camino
መንገድ

la pradera
አረንጓዴ መስክ

la piedra
ድንጋይ

el árbol
ዛፍ

el excursionista
በእግሩ የሚጓዝ

el río
ወንዝ

la hierba
ሳር

la flor
አበባ

el valle

ሸለቆ

la montaña

ኮረብታ

el lago

ሀይቅ

el bosque

ጫካ

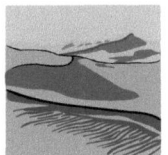

el desierto

በረሃ

el volcán

እሳተ ገሞራ

el castillo

ግምብ

el arco iris

ቀስተ ዳመና

el champiñón

እንጉዳይ

la palmera

የቴምብር ዛፍ/ ዘንባባ

el mosquito

ቢንቢ/ የወባ ትንኝ

la mosca

በራሪ

la hormiga

ጉንዳን

la abeja

ንብ

la araña

ሸረሪት

el escarabajo

ጢንዚዛ

la rana

እንቁራሪት

la ardilla

ሽኮኮ

el erizo

ጃርት

la liebre

ጥንቸል

la lechuza

ጉጉት ወፍ

el pájaro

ወፍ

el cisne

የዉሃ ዳክዬ

el jabalí

ከርከሮ

el ciervo

አጋዘን

el alce

አጋዘን

la presa

ግድብ

el aerogenerador

በነፋስ የሚሽከረከር

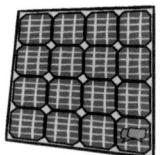

el panel solar

የፀሀይ ፓኔሎ

el clima

አየር ንብረት

el mozo
አስተናጋጅ

el menú
ማዉጫ

la silla
ወንበር

la sopa
ሾርባ

la pizza
ፒዛ

los cubiertos
መክተፊያ

el mantel
የጠረጴዛ ጨርቅ

la entrada

የምግብ ፍላጎትን የሚከፍት
ምግብ

el plato principal

ዋና ምግብ

el postre

ማጣጣሚያ ተከታይ ምግብ

las bebidas

መጠጦች

la comida

ምግብ

la botella

ጠርሙስ

la comida rápida

ፈጣን ምግብ

la comida callejera

የመንገድ ምግብ

la tetera

የሻይ ማንቆርቆሪያ

la azucarera

የስኳር እቃ

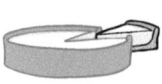

la porción

ድርሻ

la cafetera expreso

የ ና ማፊያ ማሽን

la sillita alta

ባለ ወንበር

la cuenta

የክፍያ ደረሰኝ

la bandeja

ትሪ

el cuchillo

ቢላዋ

el tenedor

ሹካ

la cuchara

ማንኪያ

la cucharita

የሻይ ማንኪያ

la servilleta

ልብስ ምግብ እንዳይነካ የሚረዳ ጨርቅ

el vaso

ብርጭቆ

el plato

ዝርግ ሰሀን

el plato hondo

የሾርባ ጎድጓዳ ሰሀን

el plato

የስኒ ማስቀመጫ

la salsa

ማጣፈጫ ስጎ

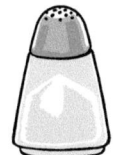

el salero

የጨዉ እቃ

el molinillo de pimienta

የተፈጨ ቃሪያ

el vinagre

ኮምጣጤ

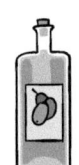

el aceite

የምግብ ዘይት

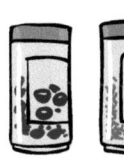

las especias

ቀመማ ቅመሞች

el kétchup

የቲማቲም ድልህ

la mostaza

ሰናፍጭ

la mayonesa

ማዮኔዝ

el supermercado
የሸቀጣ ሸቀጥ መደብር

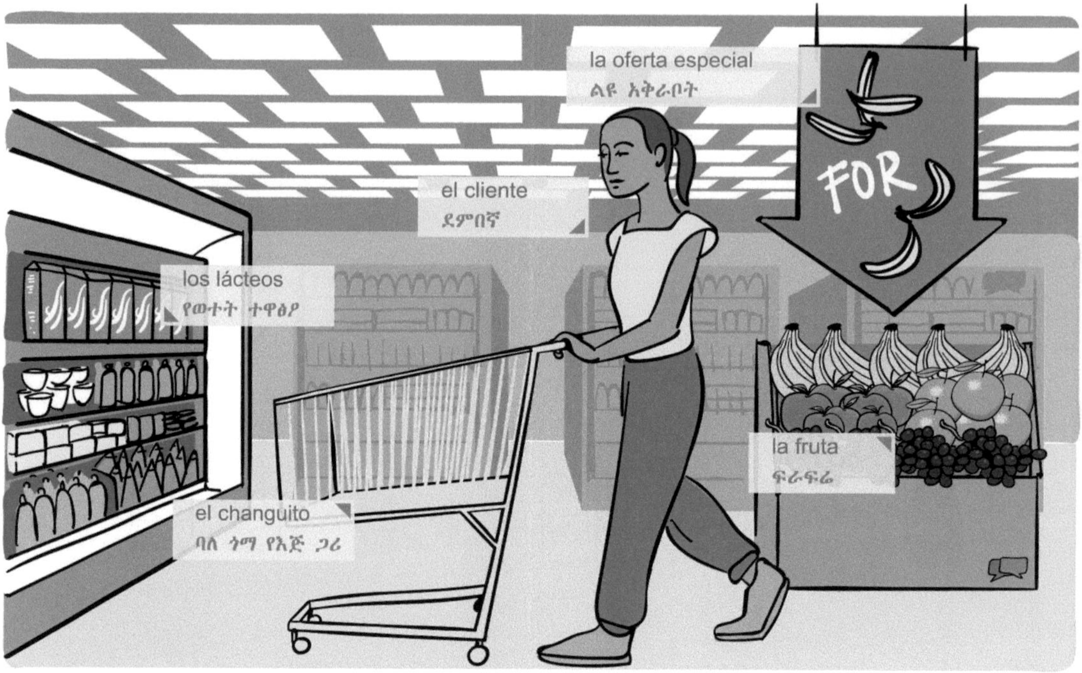

la oferta especial
ልዩ አቅራቦት
FOR
el cliente
ደምበኛ
los lácteos
የወተት ተዋፅዖ
la fruta
ፍራፍሬ
el changuito
ባለ ጎማ የእጅ ጋሪ

BUTCHERS

la carnicería

ሉካንዳ ነጋዴ

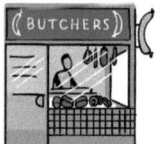

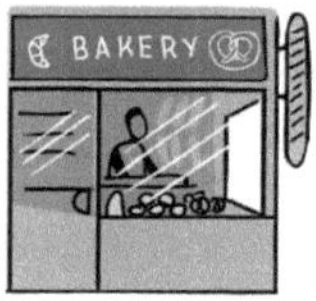

BAKERY

la panadería

መጋገርያ

pesar

ክብደት መመዘን

las verduras

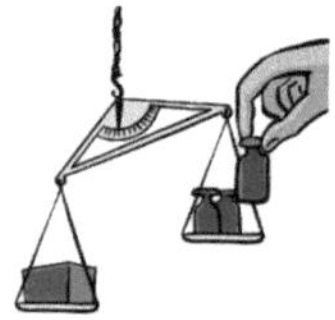

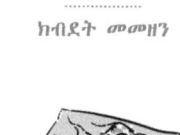

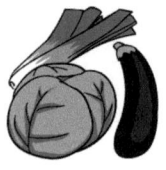

ቅጠላ ቅጠል አትክልት

la carne

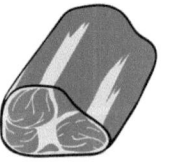

ስጋ

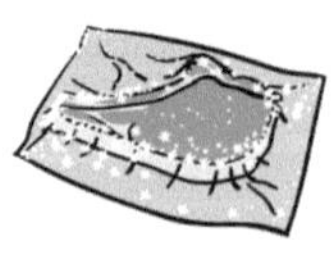

los alimentos congelados

የቀዘቀዘ/የረጋ ምግብ

los fiambres

ቀዝቃዛ ቁራጭ

los alimentos enlatados

የታሸገ ምግብ

el detergente en polvo

የማጠቢያ ዱቄት

las golosinas

ጣፋጮች

los electrodomésticos

የቤት ዕስጥ ዕቃዎች

los productos de limpieza

የዕዳት ምርቶች

la vendedora

የሽያጭ ባለሙያ

la caja

የገንዘብ መመዝቢያ ማሽን

el cajero

የሒሳብ ሰራተኛ

la lista de compras

የግገ ዝርዝር

el horario de atención

ክፍት ሰዓታት

la billetera

የኪስ ቦርሳ

la tarjeta de crédito

ክሬዲት ካርድ

la cartera

ቦርሳ

la bolsa de plástico

የፕላስቲክ ቦርሳ

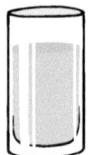

el agua

ውሃ

el jugo

ጭማቂ

la leche

ወተት

la bebida cola

ኮካ-ኮላ

el vino

ወይን

la cerveza

ቢራ

el alcohol

አልኮል

el cacao

ኮካ

el té

ሻይ

el café

ቡና

el café expreso

የተፈላ ቡና

el cappuccino

ካፑቺኖ

la banana

መሙዝ

la manzana

ፖም

la naranja

ብርቱካን

el melón

ህብሀብ

el limón

ሎሚ

la zanahoria

ካሮት

el ajo

ነጭ ሽንኩርት

el bambú

ሽምበቆ

la cebolla

ቀይ ሽንኩርት

el champiñón

እንጉዳይ

las nueces

ለዉዝ

los fideos

የህፃናት ምግብ

los tallarines

ፓስታ

el arroz

ሩዝ

la ensalada

ሰላጣ

las papas fritas

የድንች ጥብስ

las papas fritas

ድንች ጥብስ

la pizza

ፒዛ

la hamburguesa

ዳቦ ዉስጥ በስሱ ተጠብሶ የገባ ስጋ

el sándwich

ሳንድዊች

el churrasco

ጥሬ ስጋ

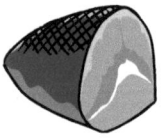

el jamón

የአሳማ ስጋ

el salame

በቅመምና በጨዉ የታሽ ምግብ ቀዝቀዞ የሚበላ ሾርባ ምግብ

la salchicha

ቋሊማ

el pollo

ዶሮ

el asado

ጥብስ

el pescado

አሳ

los copos de avena

የአጃ ገንፎ

el muesli

ከወተት ጋር ተደባልቀዉ የሚበሉ ምግቦች

los copos de maíz

የበቆሎ ቅርፊት

la harina

ዱቄት

la medialuna

ኩራሳ

el pancito

ድብልብል ዳቦ

el pan

ዳቦ

la tostada

መጥበስ

las galletitas

ብስኩት

la manteca

ቅቤ

la cuajada

እርጎ

la torta

ኬክ

el huevo

እንቁላል

el huevo frito

እንቁላል ጥብስ

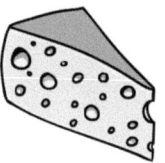

el queso

አይብ

el helado

የበረዶ ክሬም

el azúcar

ስኳር

la miel

ማር

la mermelada

ማርማላት

la pasta de chocolate

የተናጠ የወተት ክሬም

el curry

ማጣፈጫ

la granja
ገበሬ ቤት

el granero
እህልና ከብት ማቀመጪ
ቤት

el caballo
ፈረስ

el fardo de paja
ጭድ ክምር

el campo
ሜዳ

el remolque
ተሳቢ መኪና

el potrillo
ፈረስ ርንጭላ

el tractor
እርሻ መኪና

el burro
ህያ

el cordero
በግ ጠቦት

la oveja
በግ

la cabra
....
ፍ ል

la vaca
....
ላም

el ternero
....
ጥኝ

el cerdo
....
ሳጋ

el lechón
....
ግልገል ሳጋ

el toro
....
ኮርማ

el ganso

ዝይ

el pato

ዳክዬ

el pollo

የዶሮ ጫጩት

la gallina

ዶር

el gallo

አዉራ ዶሮ

la rata

አይጥ

el gato

ድድመት

el ratón

አይጥ

el buey

በሬ

el perro

ዉሻ

la cucha

የዉሻ ቤት

la manguera

የአትክልት ቦታ

la regadera

ዉሃ ማጠጫ ባልዲ

la guadaña

ረጅም ማጭድ

el arado

ማረሻ

la hoz

ማጭድ

la azada

መኮትኮቻ

la horquilla

የእህል መንሽ

el hacha

መጥረቢያ

la carretilla

ኩርኩር/ የእጅ ጋሪ

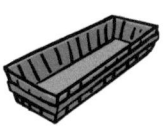

el abrevadero

ገንዳ

la lechera

የወተት ዕቃ

la bolsa

ጆንያ ከረጢት

la reja

አጥር

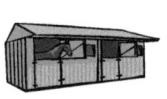

el establo

የፈረስ ጋጣ

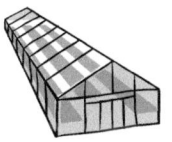

el invernadero

ዕፅዋት ማሳደጊያ የመስታዉት
ቤት

el suelo

አፈር

la semilla

ዘር

el fertilizador

የመሬት ማዳበሪያ

la cosechadora

ጥምር ማረሻ

cosechar

አዝመራ መሰብሰብ

la cosecha

አዝመራ

las batatas

ድንች

el trigo

ስንዴ

la soja

ሶያ

la papa

ድንች

el maíz

በቆሎ

la semilla de colza

የከብት መኖ

el árbol frutal

የፍሬ ዛፍ

la mandioca

የካሳቫ ዛፍ

los cereales

እህል

la casa

ቤት

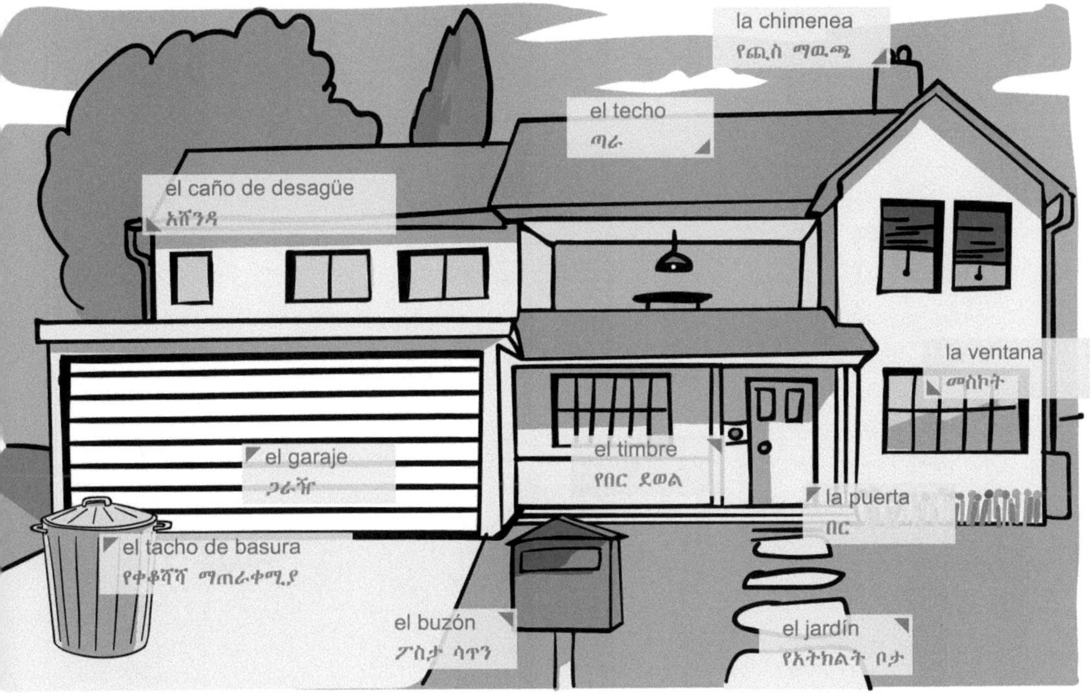
la chimenea
የጪስ ማዉጫ
el techo
ጣራ
el caño de desagüe
አሸንዳ
la ventana
መስኮት
el garaje
ጋራዥ
el timbre
የበር ደወል
la puerta
በር
el tacho de basura
የቆሻሻ ማጠራቀሚያ
el buzón
ፖስታ ሳጥን
el jardín
የአትክልት ቦታ

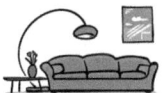

el living

ሳሎን

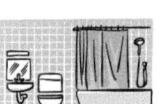

el baño

መታጠቢያ ቤት

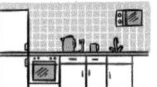

la cocina

ማድቤት

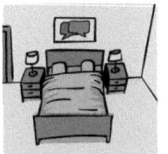

el dormitorio

መኝታ ቤት

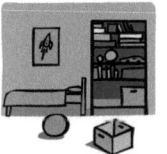

el cuarto de los chicos

የልጅ ክፍል

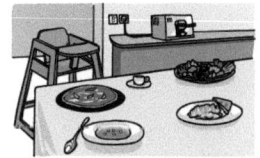

el comedor

መመገቢያ ክፍል

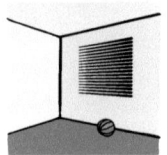

el piso

ወለል

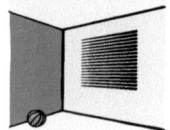

la pared

ግድግዳ

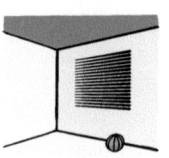

el cielorraso

ጣሪያ

el sótano

ምድር ቤት

el sauna

በእንፋሎት ሙቀት መታጠቢያ
ቤት

el balcón

ሰገነት

la terraza

ከፍ ያለ መደብ

la pileta

የመዋኛ ገንዳ

la cortadora de pasto

የማጨጃ መኪና

la sábana

አንሶላ

el acolchado

የአልጋ ልብስ

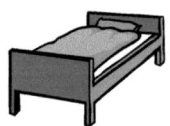

la cama

አልጋ

la escoba

መጥረጊያ

el balde

ባልዲ

el interruptor

ማብሪያና ማጥፊያ

el living

ሳሎን

el empapelado
የግድግዳ ወረቀት
la imagen
ፎቶ
la lámpara
መብራት
el estante
መደርደሪያ
el armario
ቁም ሳጥን፤ ካቢኔ
la televisión
ቴሌቭዥን
la chimenea
የእሳት መሞቂያ
la flor
አበባ
el almohadón
ትራስ
el sofá
ሶፋ
el florero
የአበባ ማስቀመጫ
el control remoto
ሪሞት ኮንትሮል

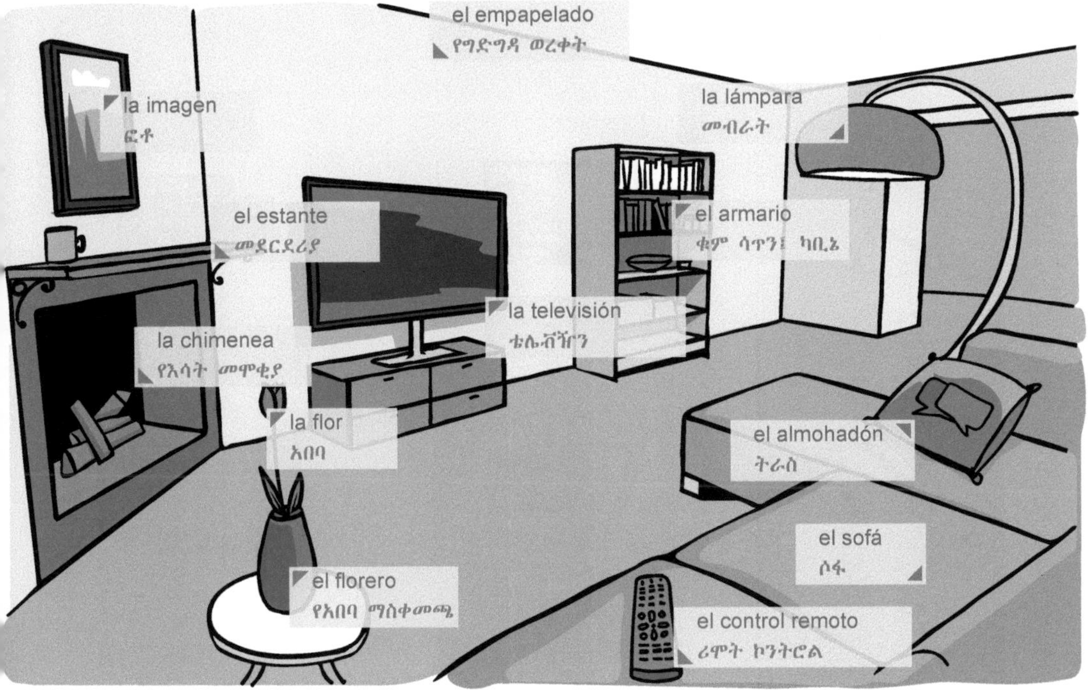

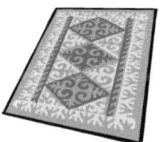

la alfombra

ንጣፍ

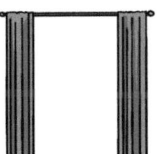

la cortina

መጋረጃ

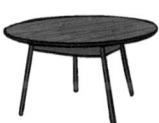

la mesa

ጠረጴዛ

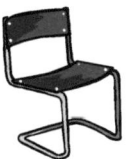

la silla

ወንበር

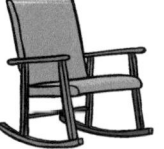

la mecedora

ተወዛዋዥ ወንበር

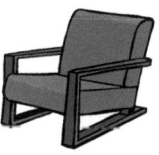

el sillón

ባለመደገፊያ ወንበር

el libro

መጽሐፍ

la frazada

ብርድ ልብስ

la decoración

ጌጥ

la leña

ማገዶ

la película

ፊልም

el equipo de música

የሙዚቃ መሣጫወቻ

la llave

ቁልፍ

el diario

ጋዜጣ

la pintura

ስዕል

el póster

የተለጠፈ ማስታወቂያ እንደ ስዕል

la radio

ራዲዮ

el cuaderno

ማስታወሻ ደብተር

la aspiradora

የአየር ማፅጃ ለምንጣፍ

el cactus

ቁልቋል

la vela

ሻማ

la cocina
ማድቤት

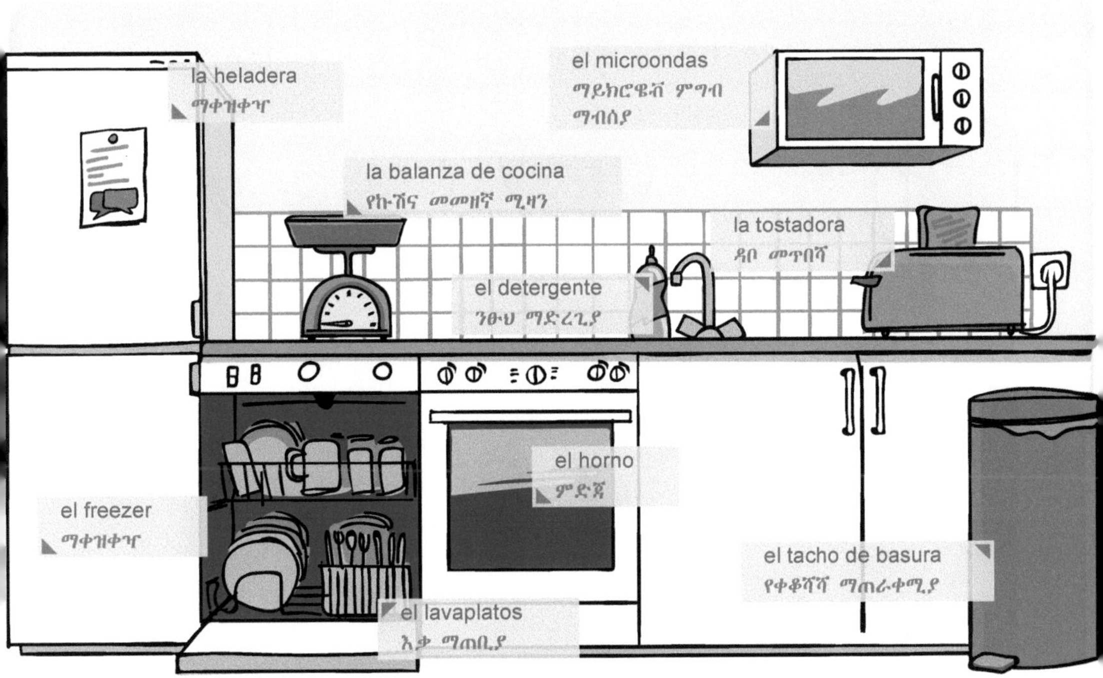
la heladera
ማቀዝቀዣ
el microondas
ማይክሮዌቭ ምግብ
ማብሰያ
la balanza de cocina
የኩሽና መመዘኛ ሚዛን
la tostadora
ዳቦ መጥበሻ
el detergente
ንፁህ ማድረጊያ
el horno
ምድጃ
el freezer
ማቀዝቀዣ
el tacho de basura
የቆሻሻ ማጠራቀሚያ
el lavaplatos
እቃ ማጠቢያ

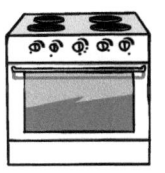

la cocina

ምግብ አብሳይ

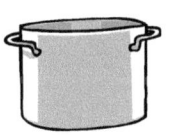

la olla

ማሰሮ

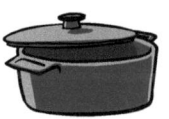

la olla de hierro fundido

የብረት ማሰሮ

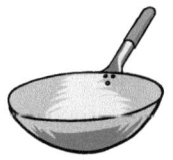

el wok

ምግብ ማብሰያ ዝርግ ድስት

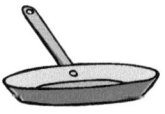

la sartén

የምግብ መጥበሻ

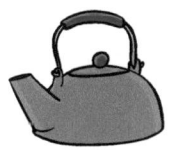

la pava

ማንቆርቆሪያ

la vaporera

የእንፉሎት ማብሰያ

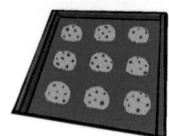

la bandeja de horno

የመጋገሪያ ትሪ

la vajilla

ሰብስቦች

la taza

ትልቅ ኩባያ

el bol

ጎድጓዳ ሳህን

los palitos

ቾፕስቲክስ

el cucharón

ጮልፉ

la espátula

መስቀሰቂያ ዝርግ ማንኪያ

la batidora

ማደባለቂያ

el colador

መወጠሪያ

el colador

ወንፊት

el rallador

መፈርፈሪያ መሳሪያ

el mortero

ሲሚንቶ

la parrilla

የፍም ጥብስ

la fogata

የተለቀቀ እሳት

la tabla de picar

መከተፊያ

el palo de amasar

ተንሽራታች መርፌ

el sacacorchos

የጠርሙስ መከፈቻ

la lata

ጣሳ

el abrelatas

የጣሳ መክፈቻ

la manopla

የማሰሮ መሸፈኛ

la pileta

ሳህን ማጠቢያ

el cepillo

ብሩሽ

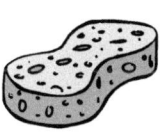

la esponja

ስፖንጅ

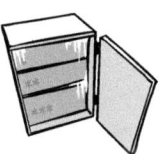

la batidora

መደባለቂያ መሳሪያ

el congelador

በጣም ማቀዝቀዣ

la mamadera

ጡጦ

la canilla

ቧንቧ

el baño

መታጠቢያ ቤት

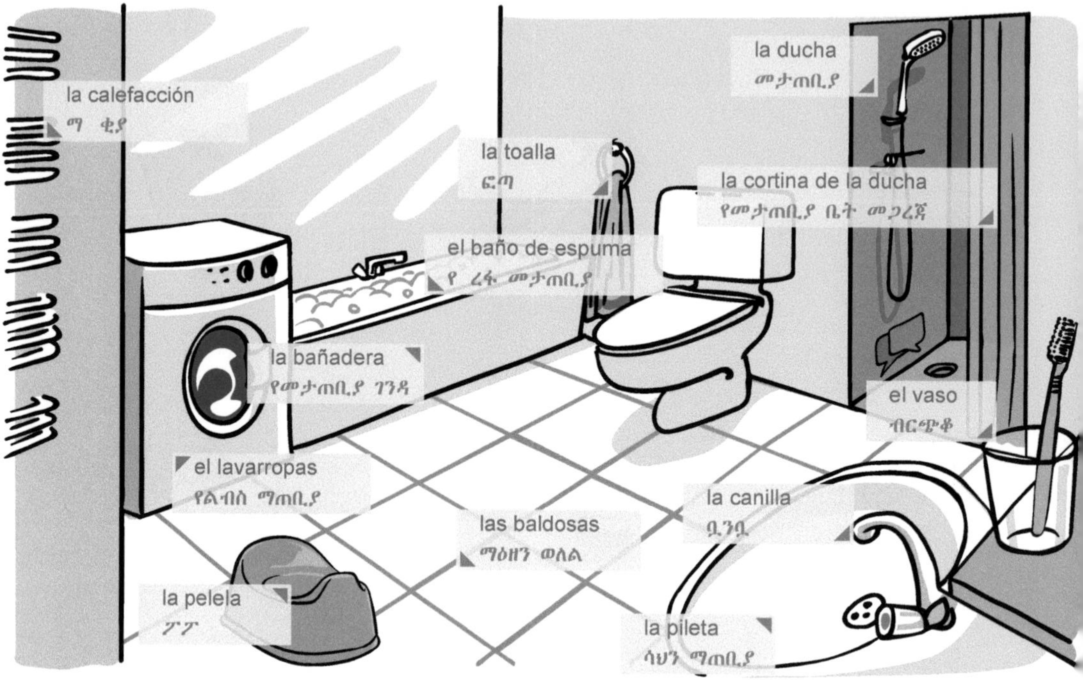

la calefacción
ማ ቂያ
la toalla
ፎጣ
la ducha
መታጠቢያ
la cortina de la ducha
የመታጠቢያ ቤት መጋረጃ
el baño de espuma
የ ረፋ መታጠቢያ
la bañadera
የመታጠቢያ ገንዳ
el vaso
ብርጭቆ
el lavarropas
የልብስ ማጠቢያ
la canilla
ቧንቧ
las baldosas
ማዕዘን ወለል
la pelela
ፖፖ
la pileta
ሳህን ማጠቢያ

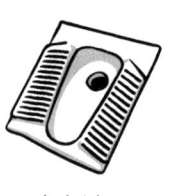

el inodoro

ሽንት ቤት

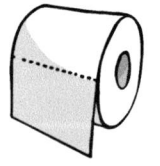

la letrina

የሽንት ቤት መቀመጫ

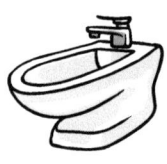

el bidé

ሳፋ

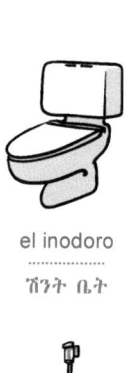

el mingitorio

የመንገ ዳር መሽኛ

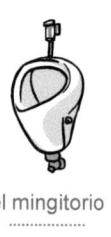

el papel higiénico

የሽንት ቤት ወረቀት

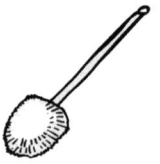

el cepillo para el inodoro

የሽንት ቤት ማፅጃ ብሩሽ

el cepillo de dientes

የጥርስ ብሩሽ

el dentífrico

የጥርስ ሳሙና

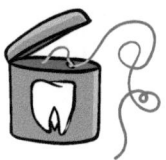

el hilo dental

የጥርስ ማፅጃ ክር

lavar

መታጠብ

la ducha de mano

የእጅ መታጠቢያ

la ducha higiénica

መታጠቢያ

la palangana

ጎድጓዳ ሳህን

el cepillo para la espalda

የጀርባ ብሩሽ

el jabón

ሳሙና

el gel de ducha

የመታጠቢያ የሚዘለገለግ ሳሙና

el shampoo

የፀጉር መታጠቢያ ሳሙና

la toallita

ለስላሳ ጨርቅ

el desagüe

ፍሳሽ

la crema

ክሬም

el desodorante

ጠረን መቀየሪያ ንጥረ ነገር

el baño - መታጠቢያ ቤት

el espejo

መስታወት

el espejito

የእጅ መስታወት

la maquinita de afeitar

ምላጭ

la espuma de afeitar

የመላጫ አረፋ

el aftershave

ከመላጨት በኋላ የሚቀባ ሽቱ

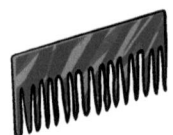

el peine

ማበጠሪያ

el cepillo

ብሩሽ

el secador de pelo

የፀጉር ማድረቂያ

el spray

በፀጉር ላይ የሚነፋ

el maquillaje

የፊት መቀባቢያ

el lápiz de labios

የከንፈር ቀለም

el esmalte para uñas

የጥፍር ቀለም

el algodón

የጥጥ ሱፍ

la tijera para uñas

ጥፍር መቁረጫ

el perfume

ሽቶ

el portacosméticos

ማጠቢያ ባልዲ

la banqueta

መቀመጫ

la balanza

ሚዛን

la bata

የመታጠቢያ ልብስ

los guantes de goma

የላስቲክ ጓንት

el tampón

ሞዴስ

la toallita femenina

የዕዳት ፎጣ

el baño químico

የሽንት ቤት ኬሚካል

el cuarto de los chicos

የልጅ ክፍል

el despertador
የማንቂያ ደዉል ሰዐት
el peluche
የህፃን አሻንጉሊት
el coche de juguete
የመጫወቻ መኪና
el sonajero
ማንገጫገጫ
መጫወቻ
la casa de muñecas
የአሻንጉሊት ቤት
el regalo
ስጦታ

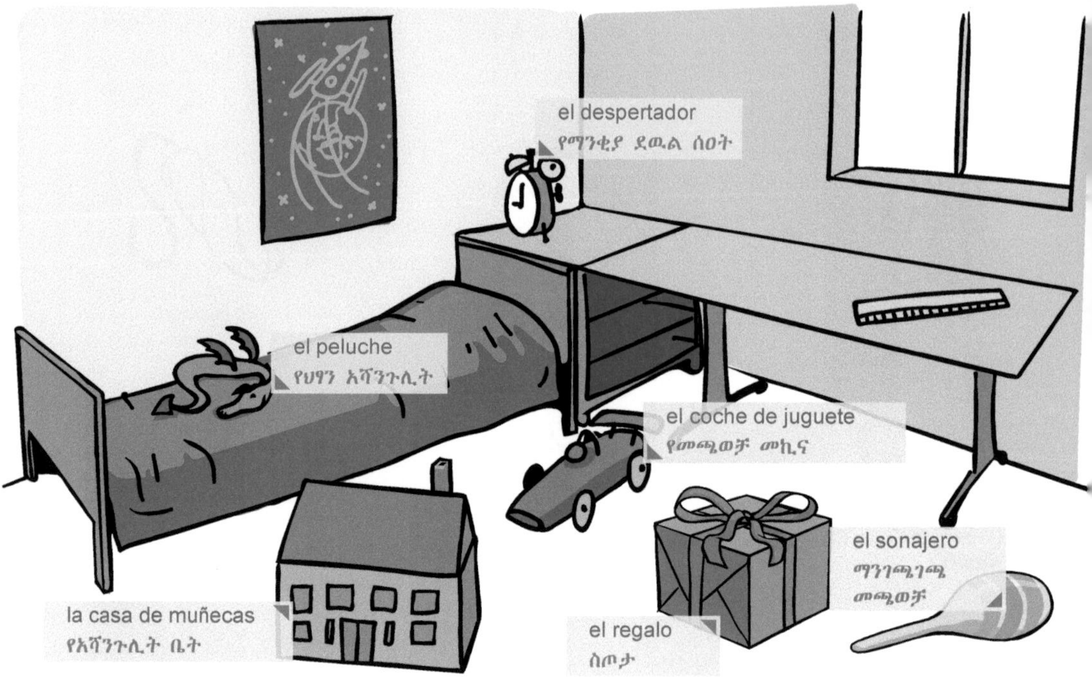

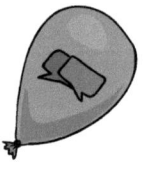

el globo

ፊኛ

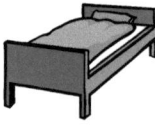

la cama

አልጋ

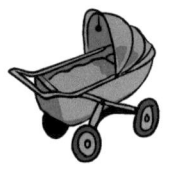

el cochecito

የህፃን ማንሸራሸሪያ ጋሪ

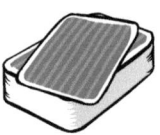

las cartas

የካርታ መጫወቻ

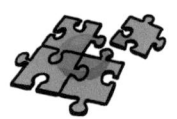

el rompecabezas

ቁርጥራጭ ምስሎችን የማገጣጠም
እና ምስል የማግኘት ጨዋታ

SUPER
MEGA

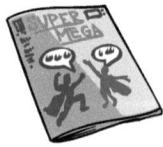

la historieta

አዝናኝ

las piezas de lego

ተገጣጣሚ መጫወቻ

los ladrillos de juguete

የመጫወቻ መገጣጠሚያዎች

la figura de acción

የድርጊት ምስል

el enterito (de bebé)

የህፃን እድገት

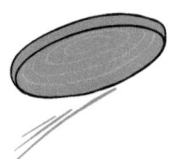

el frisbee

የፕላስቲክ መጫወቻ ዝርግ ሰህን

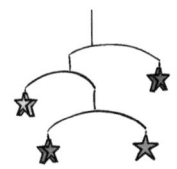

el móvil para bebés

ተወዛዋዥ የህፃን ማጫወቻ

el juego de mesa

የሰሌዳ ጨዋታ

los dados

የመጫወቻ ጠጠር

el tren eléctrico

የመጫወቻ ባቡር

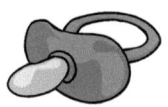

el chupete

የእንጀራ እናት ጡጦ

la fiesta

ድግስ

el libro de cuentos ilustrado

የስዕል መፅሀፍ

la pelota

ኳስ

la muñeca

አሻንጉሊት

jugar

መጫወት

el arenero

የአሸዋ መጫወቻ

la hamaca

ሽዋሽዌ

los juguetes

መጫወቻዎች

la consola de videojuegos

የቪዲዮ መጫወቻ

el triciclo

ባለ ሶስት ጎማ ብስክሌት

el osito de peluche

የአሻንጉሊት ድብ

el armario

ቁምሳጥን

la ropa

ልባሳት

las medias

ካልሲዎች

las medias panty

ስቶኪንጎች

las calzas

ታይት

la bufanda
የአንገት ልብስ

el paraguas
ዣንጥላ

el cinturón
ቀበቶ

la remera
ከናቴራ

las botas
ቡቲ

las pantuflas
የቤት ዉስጥ ነጠላ ጫማ

las zapatillas
ስኒከሮች

las sandalias
....
ነጠላ ጫማዎች

los zapatos
....
ጫማዎች

las botas de goma
....
የዝናብ ቡትስ

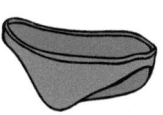

la ropa interior
....
ሙታንታ

el corpiño
....
ጡት መያዣ

el chaleco
....
ሰደርያ

el body

ሰዉነት

los pantalones

ሱሪዎች

los jeans

ጅንስ

la pollera

ጉርድ ቀሚስ

la blusa

ሸሚዝ

la camisa

ሸሚዝ

el pulóver

የሚጠለቅ ሹራብ

el buzo

ሹራብ

el blazer

ዩኒፎርም ጃኬት

la campera

ጃኬት

el tapado

ኮት

el piloto

የዝናብ ኮት

el traje

ልብስ

el vestido

ቀሚስ

el vestido de novia

የሙሽራ ቀሚስ

el traje

ሱፍ

el camisón

የለሊት ልብስ

el pijama

የለሊት ልብስ

el sari

ረጅም ቀሚስ

el pañuelo para la cabeza

ሒጃብ

el turbante

ጥምጣም

la burka

ቡርቃ

el caftán

ሸርጥ

la abaya

አባያ

el traje de baño

የዋና ልብስ

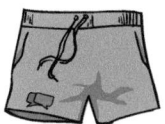

el short de baño

አጭር ቁምጣ

los shorts

ቁምጣዎች

el jogging

የስ ቱታ

el delantal

ሸርጥ

los guantes

ጓንት

la ropa - አልባ ት

47

el botón

ቁልፍ

los anteojos

መነፅር

la pulsera

አምባር

el collar

የአንገት ሀብል

el anillo

ቀለበት

el aro

የጆሮ ጌጥ

la gorra

ኮፍያ

la percha

የኮት መስቀያ

el sombrero

ኮፍያ

la corbata

ከረባት

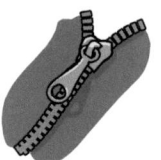

el cierre

ዚፕ

el casco

የብረት ቆብ

los tiradores

መደገፊያ

el uniforme escolar

የትምህርት ቤት የደንብ ልብስ

el uniforme

የደንብ ልብስ

el babero

መሃረብ

el chupete

የእንጀራ እናት ጡጦ

el pañal

ሽንት ጨርቅ

la oficina

ቢሮ

el servidor

ማሰራጫ ጣቢያ

el archivero

የፋይል መደርደሪያ
ካቢኔ

la impresora

የህትመት መሳሪያ

el monitor

መቆጣጠሪያ

el papel

ወረቀት

el mouse

ማዉዝ

el escritorio

መፃፊያ ጠረጴዛ

la carpeta

ማህደር

el teclado

የመፃፊ ቁልፎች

el tacho (de basura)

የቆሻሻ ወረቀት መጣያ ቅርጫት

la computadora

ኮምፒዉተር

la silla

ወንበር

la taza de café

የቡና መጠጫ ትልቅ ኩባያ

la calculadora

ማስሊያ ማሽን

el internet

ኢንተርኔት

la laptop

ላፕቶፕ

la carta

ደብዳቤ

el mensaje

መልዕክት

el celular

ተንቀሳ一ሽ ስልክ

la red

የግንኙነት አውታር

la fotocopiadora

ማባዣ ማሽን

el software

ሶፍትዌር

el teléfono

ስልክ

el tomacorriente

የግድግዳ ሶኬት

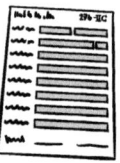

el fax

የፋክስ ማሽን

el formulario

ቅፅ

el documento

ሰነድ

comprar

መግዛት

pagar

መክፈል

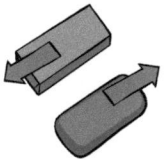

hacer negocios

መነገድ

el dinero

ገንዘብ

el dólar

ዶላር

el euro

ዩሮ

el yen

የን

el rublo

ሩብል

el franco suizo

የስዊዝ ፍራንክ

el yuan

ሬንሚንቢ, ዩዋን

la rupia

ሩዲ

el cajero automático

የገንዘብ ጥብ

la casa de cambio

የዉጭ ገንዘብ ምንዛሪ ቢሮ

el oro

ወርቅ

la plata

ብር

el petróleo

ዘይት

la energía

ሀይል፤ ጉልበት

el precio

ዋጋ

el contrato

ግንኙነት

el impuesto

ቀረጥ

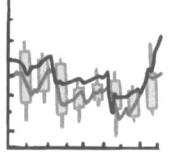

la acción

አክስዮን

trabajar

መስራት

el empleado

ተቀጣሪ

el empleador

ቀጣሪ

la fábrica

ፋብሪካ

el negocio

ሱቅ

el policía
የ ሊስ አዛዥ

el bombero
የእሳት አደጋ ሰራተኛ

el cocinero
ግብ አብሳይ

el médico
ዶክተር

el piloto
አብራሪ

el jardinero

አትክልተኛ

el carpintero

እናጢ

la modista

ልብስ ሰፊ ቤት

el juez

ዳኛ

el farmacéutico

ቀማሚ

el actor

ተዋናይ

el colectivero

የአዉቶቢስ ሹፌር

el taxista

የታክሲ ሹፌር

el pescador

አሳ አጥማጅ

la mucama

ፅዳት ሰራተኛ

el techista

የጣራ ሰራተኛ

el mozo

አስተናጋጅ

el cazador

አዳኝ

el pintor

ሰዓሊ

el panadero

ጋጋሪ

el electricista

የኤሌትሪክ ሰራተኛ

el albañil

ገምቢ

el ingeniero

መሀሃዲስ

el carnicero

ልኳንዳ

el plomero

የቧንቧ ሰራተኛ

el cartero

የፖስታ ሰራተኛ

el soldado

ወታደር

el arquitecto

መሀንዲስ

el cajero

የሒሳብ ሰራተኛ

el florista

አበባ ሻጭ

el peluquero

የፀጉር ሰራተኛ

el cobrador

ቲኬት ቆራጭ

el mecánico

መካኒክ

el capitán

ካፒቴን

el dentista

የጥርስ ሐኪም

el científico

ተመራማሪ

el rabino

መምህር

el imán

የሙስሊም ሃይማኖታዊ መሪ

el monje

መነኩሴ

el sacerdote

ካህን

las herramientas

ሳሪያዎች

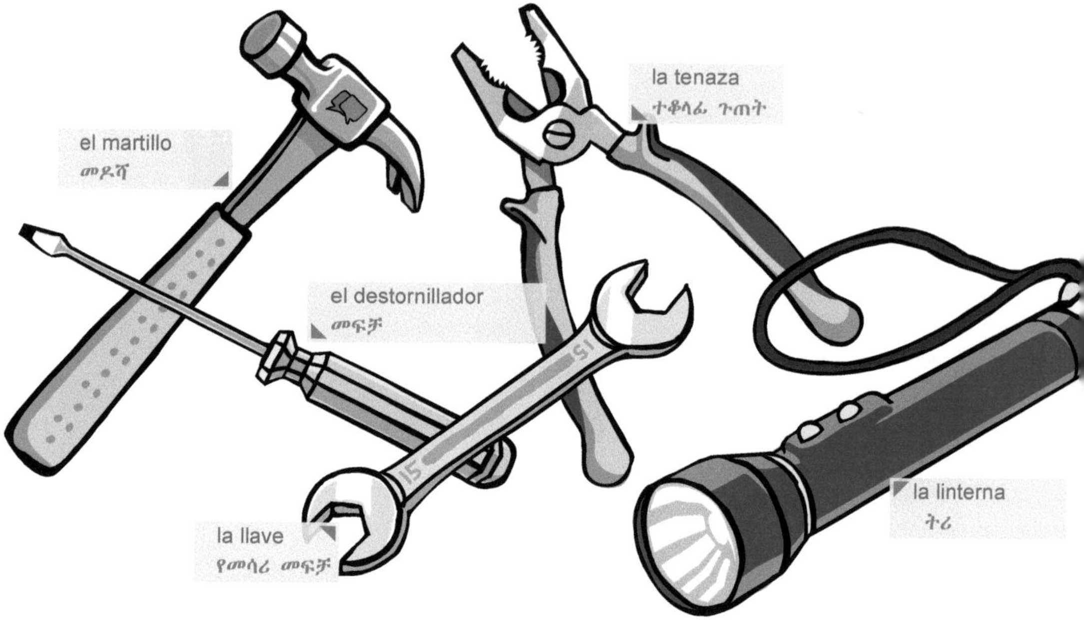

el martillo
መዶሻ
la tenaza
ተቆላፊ ጉጠት
el destornillador
መፍቻ
la llave
የመሳሪ መፍቻ
la linterna
ትሪ

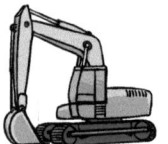

la excavadora

በቁፋሮ የሚዝቅ

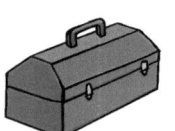

la caja de herramientas

የመፍቻ ሳ ን

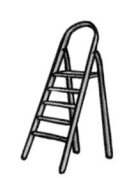

la escalera portátil

መሰላል

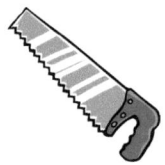

la sierra

መጋዝ

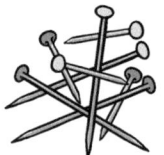

los clavos

ምስማር

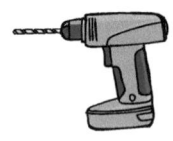

el taladro

መሰርሰሪያ

arreglar

መጠገን

la pala de jardín

አካፋ

¡Qué bronca!

የተረገመ!

la pala de plástico

ፎሻሻ ማፈሻ

el tacho de pintura

የቀለም ቆርቆር

los tornillos

ብሎን

los instrumentos musicales

የሙዚቃ መሳሪያዎች

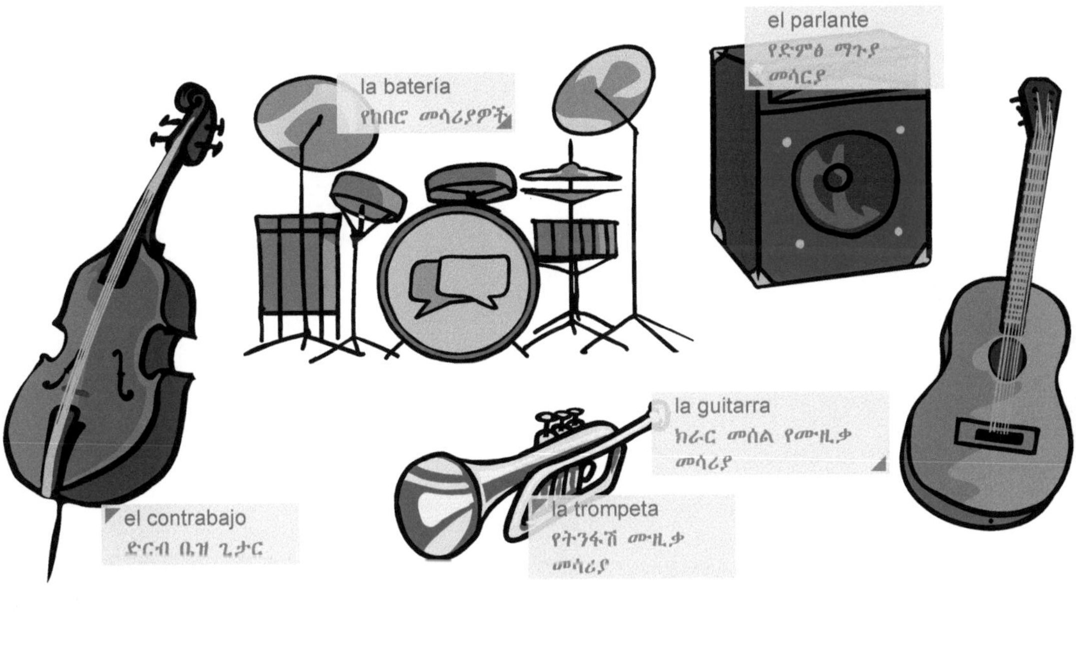

el parlante
የድምፅ ማጉያ
መሳርያ

la batería
የከበሮ መሳሪያዎች

la guitarra
ክራር መሰል የሙዚቃ
መሳሪያ

el contrabajo
ድርብ ቤዝ ጊታር

la trompeta
የትንፋሽ ሙዚቃ
መሳሪያ

el piano

ያኖ

el violín

ቫዮሊን

el bajo

ፍራም፣ ጎርናና ድምፅ ያለዉ
ክራር መሰል ሙዚቃ መሳሪያ

los timbales

ነጋሪት

el tambor

ከበሮ

el teclado

በ ኤሌክትሪክ የሚሰራ ኖ

el saxofón

የትንፋሽ ሙዚቃ መሳሪያ

la flauta

ሽንት

el micrófono

የድምፅ ማጉያ

el zoológico

የደር እንስሳት ማቆያ

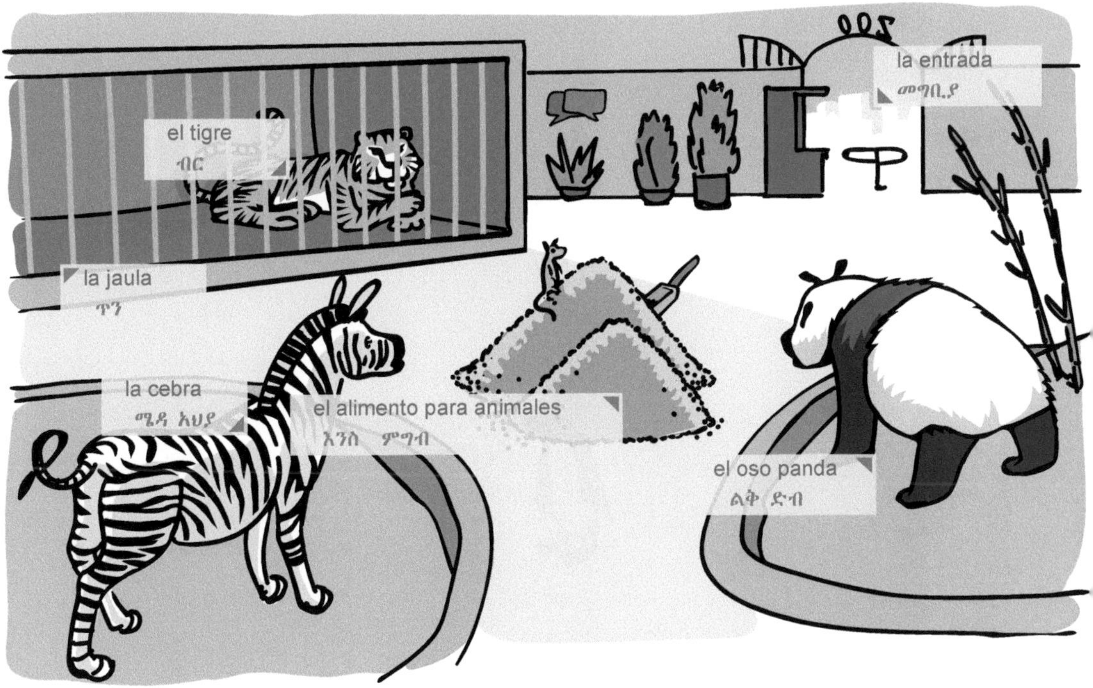

zoo
la entrada
መግቢ.ያ
el tigre
ብር
la jaula
ጥን
la cebra
ሜዳ አህያ
el alimento para animales
እንስ ምግብ
el oso panda
ልቅ ድብ

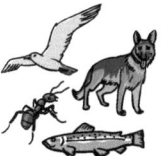

los animales

እንስ ቶች

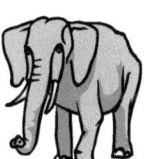

el elefante

ዝሆን

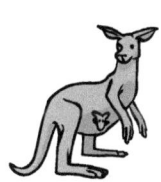

el canguro

ካንጋሮ

el rinoceronte

አዉራሪስ

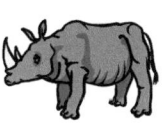

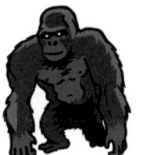

el gorila

ልቅ ዝንጀሮ

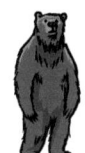

el oso

ድብ

el camello

ግመል

el avestruz

ሰጎን

el león

አንበሳ

el mono

ጦጣ

el flamenco

ቅልጥም ረዥም ወፍ

el loro

በቀቀን

el oso polar

የወዋላታ ድብ

el pingüino

የዋልታ ወፎች

el tiburón

ረጅም ጥርሶች ያሉትአሳ ነባሪ

el pavo real

ጣዎስ

la serpiente

እባብ

el cocodrilo

አዞ

el cuidador del zoológico

የዱር አራዊት የሚጠበቁበት
ማቆያን የሚጠብቅ

la foca

አሳ በሊታ የባህር እንስሳ

el jaguar

የዱር ድመት

el poni

ድንኩ ፈረስ

el leopardo

ነብር

el hipopótamo

ጉማሬ

la jirafa

ቀጭኔ

el águila

ንስር

el jabalí

ክርክሮ

el pescado

ዓሳ

la tortuga

የባህር ኤሊ.

la morsa

የባህር አዉሬ

el zorro

ቀበሮ

la gacela

የሜዳ ፍየል ፤ ሚዳቋ

el fútbol americano
የ ሜሪካ እግርኳስ

el ciclismo
የ ስክሌት ስፖርት

el tenis
ቴኒስ

el básquet
የ ርጫት ኳስ

la natación
ና

el boxeo
የቡጢ ስፖርት

el hockey sobre hielo
የበረዶ ላይ የገና ጨ ታ

el fútbol
እግር ኳስ

el bádminton
የላባ ኳስ ጨ ታ

el atletismo
ትሌቲክስ

el handball
የእጅ ኳስ ስፖርት

el esquí
የበረዶ መንሸራተት ስፖርት

el polo
ፈረስ ግልቢያ

saltar
መዝለል

reír
መሳቅ

abrazar
ማቀፍ

caminar
መራመድ

cantar
መዘመር

soñar
ህልም ማለም

rezar
መፀለይ

besar
መሳም

escribir
መፃፍ

dibujar
መሳል

mostrar
ማሳየት

presionar
መግፋት

dar
መስጠት

tomar
መዉሰድ

tener

መያዝ

hacer

ማድረግ

ser

መሆን

estar parado

መቆም

correr

መሮጥ

tirar

መሳብ

tirar

መወርወር

caer

መዉደቅ

estar acostado

መዋሸት

esperar

መጠበቅ

llevar

መሸከም

estar sentado

መቀመጥ

vestirse

መልበስ

dormir

መተኛት

despertar

መንቃት

mirar

መመልከት

llorar

ማለልቀስ

acariciar

መጫር

peinar

ማበጠር

hablar

ማዉራት

entender

መረዳት

preguntar

ጥያቄ

escuchar

ማዳመጥ

beber

መጠጣት

comer

መብላት

ordenar

ማንፃት

amar

ማፍቀር

cocinar

ምግብ ማብሰል

manejar

መንዳት

volar

መብረር

navegar

መርከብ መንዳት

calcular

ቁጥሮችን ማስላት

leer

ማንበብ

aprender

መማር

trabajar

መስራት

casarse

ማግባት

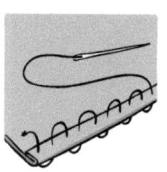

coser

መስፋት

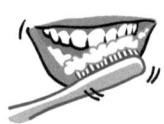

cepillarse los dientes

ጥርስ መቦረሽ

matar

መግደል

fumar

ማጨስ

enviar

መላክ

66   las actividades - እንቅስቃሴዎች

la abuela
የሴት አያት

el abuelo
የወንድ አያት

el padre
አባት

la madre
እናት

el bebé
ህፃን

la hija
ሴት ልጅ

el hijo
ወንድ ልጅ

el invitado

እንግዳ

la tía

አክስት

el tío

አጎት

el hermano

ወንድም

la hermana

እህት

el cuerpo

አካል

la frente
ግንባር
el ojo
አይን
el hombro
ትከሻ
el dedo
ጣት
la cara
ፊት
la pera
አገጭ
la mano
እጅ
la pierna
እግር
el pecho
ጡት
el brazo
ክንድ

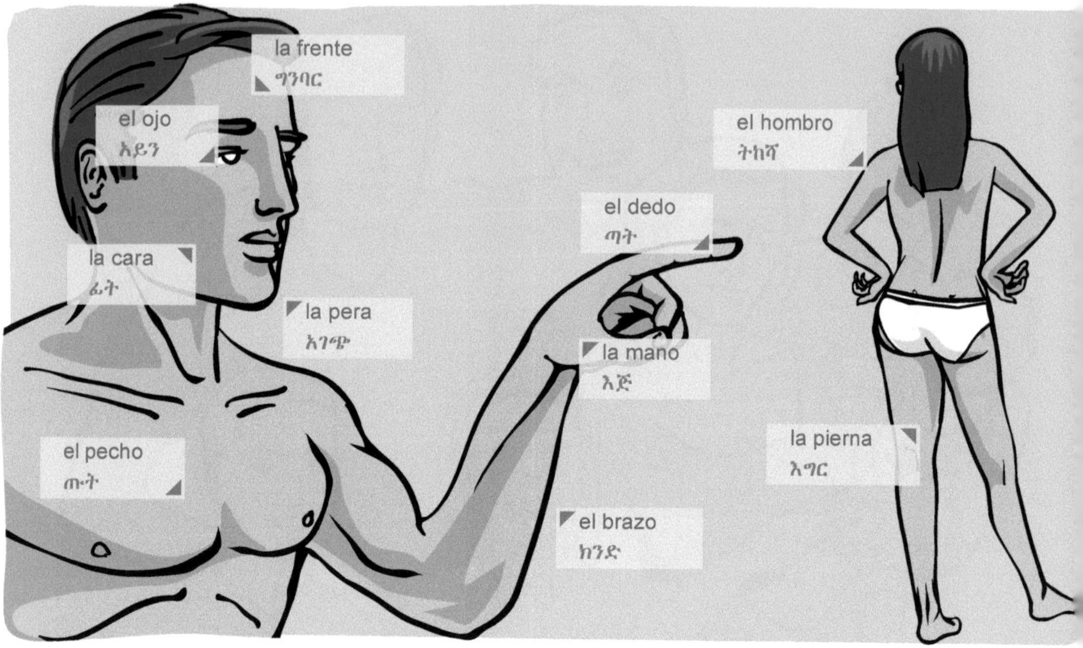

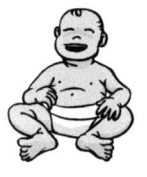

el bebé

ህፃን

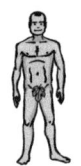

el hombre

ሰዉ

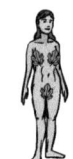

la mujer

ሴት

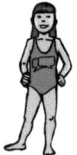

la nena

ልጃገረድ

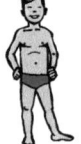

el nene

ወንድ ልጅ

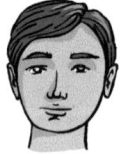

la cabeza

ራስ

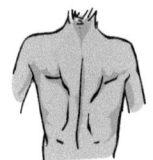

la espalda

ጀርባ

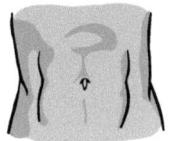

la panza

ሆድ

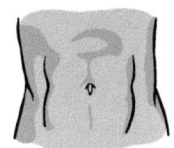

el ombligo

እምብርት

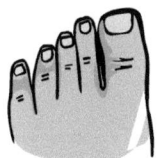

el dedo del pie

የእግር ጣት

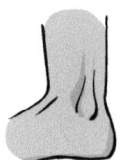

el talón

ተረከዝ

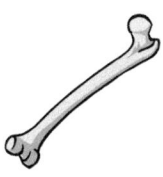

el hueso

አጥንት

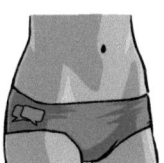

la cadera

ዳሌ

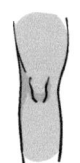

la rodilla

ጉልበት

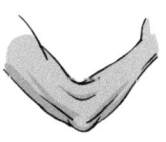

el codo

ክርን

la nariz

አፍንጫ

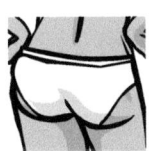

la cola

ቂጥ

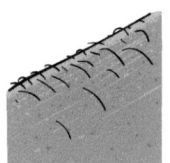

la piel

ቆዳ

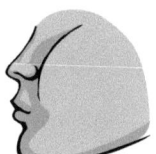

el cachete

ጉንጭ

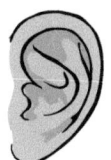

la oreja

ጆሮ

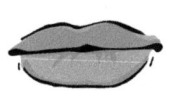

el labio

ከንፈር

el cuerpo - አካል

la boca

አፍ

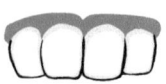

el diente

ጥርስ

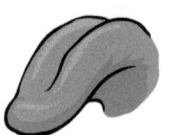

la lengua

ምላስ

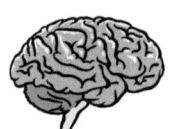

el cerebro

አንጎል

el corazón

ልብ

el músculo

ጡንቻ

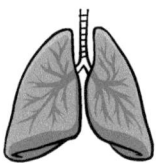

el pulmón

ሳምባ

el hígado

ጉበት

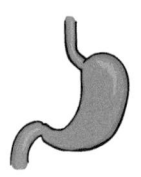

el estómago

ሆድ

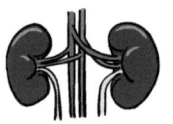

los riñones

ኩላሊቶች

el sexo

የግብረስጋ ግንኙነት

el preservativo

ኮንዶም

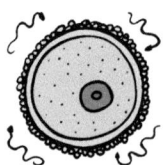

el óvulo

የሴት እንቁላል

el semen

የዘር ፈሳሽ

el embarazo

እርግዝና

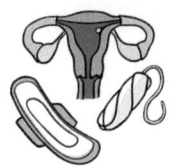

la menstruación

የወር አበባ

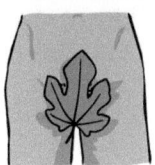

la vagina

እምስ

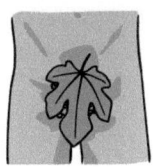

el pene

ቁላ

la ceja

ቅንድብ

el pelo

ፀጉር

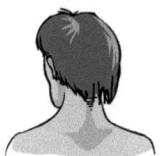

el cuello

አንገት

el hospital

ሆስፒታል

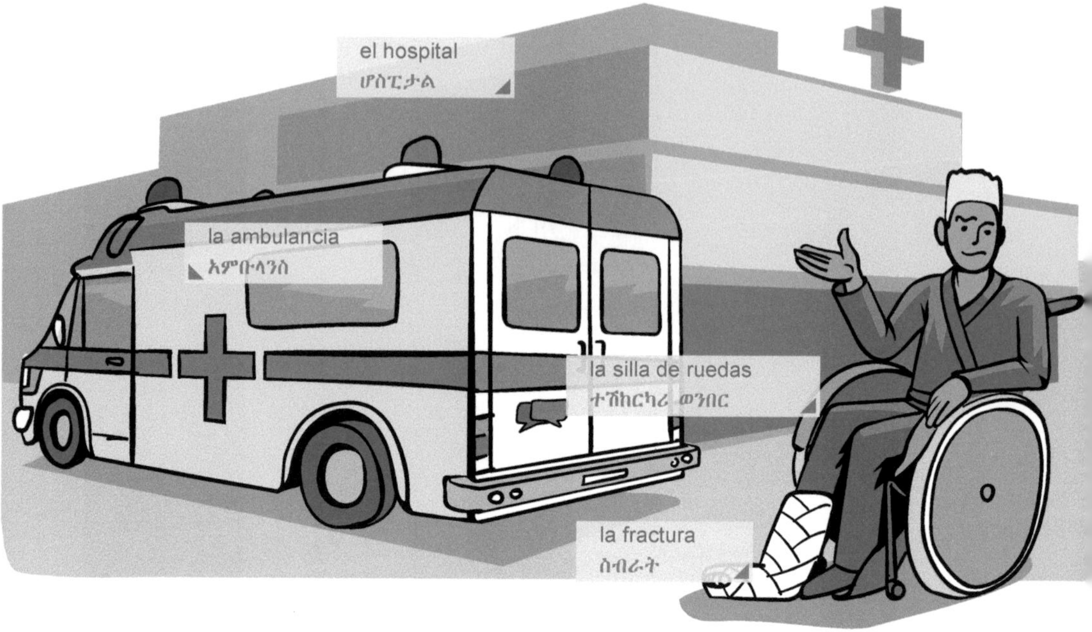

el hospital
ሆስፒታል
la ambulancia
አምቡላንስ
la silla de ruedas
ተሽከርካሪ ወንበር
la fractura
ስብራት

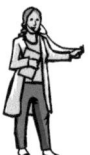

el médico

ዶክተር

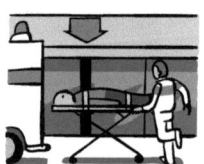

la sala de guardia

ድንገተኛ ክፍል

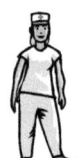

la enfermera

ነርስ

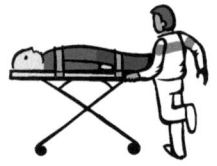

la emergencia

ድንገተኛ

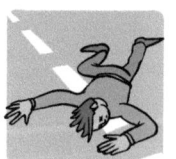

inconsciente

ራስን መሳት/ አለማወቅ

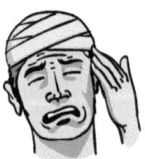

el dolor

ህመም

la lesión

ጉዳት

la hemorragia

መድማት

el infarto

የልብ ድካም

el ACV

ስትሮክ

la alergia

አለርጂ

la tos

ሳል

la fiebre

ትኩሳት

la gripe

ኢንፍሎዌንዛ

la diarrea

ተቅማጥ

el dolor de cabeza

የራስ ምታት

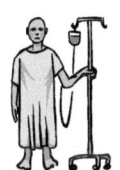

el cáncer

ካንሰር

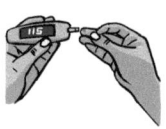

la diabetes

የስኳር በሽታ

el cirujano

ቀዶ ጠጋኝ ሐኪም

el bisturí

የቀዶ ጥገና ስለት

la operación

ቀዶ ጥገና

el hospital - ሆስፒታል

73

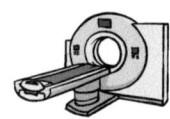

la TC

ሲ.ቲ

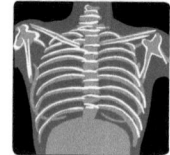

los rayos x

ኤክስሬዬ

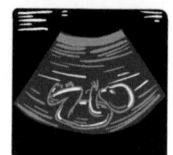

la ecografía

አልትራሳዉንድ

el barbijo

የፊት ጭምብል

la enfermedad

በሽታ

la sala de espera

መጠበቂያ ክፍል

la muleta

ምርኩዝ

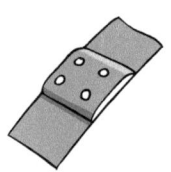

la curita

የቁስል ማሽጊያ

la venda

ፋሻ

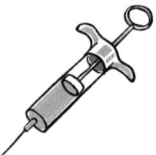

la inyección

መርፌ

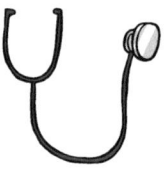

el estetoscopio

የልብ ምት ማዳመጫ መሳሪያ

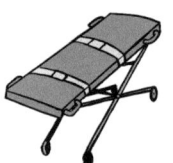

la camilla

የበሽተኛ አልጋ

el termómetro

የህክምና ሙቀት መለኪያ መሳሪያ

el nacimiento

መውለድ

el sobrepeso

ከልክ ያለፈ ክብደት

74   el hospital - ሆስፒታል

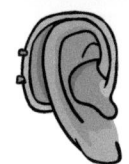

el audífono

ለመስማት የሚረዳ መሳሪያ

el desinfectante

ፀረ ተባይ መድሀኒት

la infección

ማመርቀዝ

el virus

ቫይረስ

el VIH / SIDA

ኤች አይቪ ኤድስ

el remedio

ህክምና

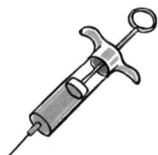

la vacunación

ክትባት

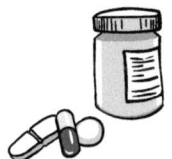

los comprimidos

ኪኒን

la pastilla anticonceptiva

ኪኒን

la llamada de emergencia

አስቸኳይ የስልክ ጥሪ

el tensiómetro

ደም ግፊት መቆጣጠሪያ

enfermo / sano

ህመም/ ጤንነት

¡Ayuda!

እርዳታ!

la alarma

ማንቂያ ደወል

la agresión

ጥቃት

el ataque

ድብደባ

el peligro

አደጋ

la salida de emergencia

የድንገተኛ መውጫ

¡Fuego!

እሳት!

el matafuego

እሳት ማጥፊያ

el accidente

አደጋ

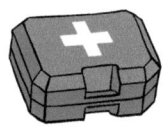

el botiquín de primeros
auxilios

የመጀመሪያ እርዳታ መድሃኒት
መያዣ

el SOS

ነፍስ አድን

la policía

ፖሊስ

Europa

አዉሮፓ

América del Norte

ሰሜን አሜሪካ

América del Sur

ደቡብ አሜሪካ

África

አፍሪካ

Asia

እስያ

Australia

አዉስትራሊያ

el Atlántico

አትላንቲክ

el Pacífico

ፓስፊክ

el Océano Índico

የህንድ ዉቅያኖስ

el Océano Antártico

አንታርክቲክ ዉቅያኖስ

el Océano Ártico

አርክቲክ ዉቅያኖስ

el polo norte

ሰሜን ዋልታ

el polo sur

ደቡብ ዋልታ

la Antártida

አንታርክቲካ

la Tierra

ምድር

la tierra

መሬት

el mar

ባህር

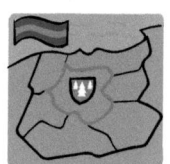

la isla

ደሴት

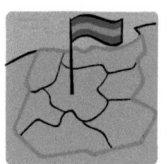

la nación

አገርና ህዝብ

el estado

መንግስት

la esfera

የሰዓት ገፅታ

la manecilla de las horas

ሰዓት

el minutero

ደቂቃ

el segundero

ሴኮንድ

¿Qué hora es?

ስንት ሰዓት ነው?

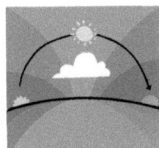

el día

ቀን

la hora

ጊዜ

ahora

አሁን

el reloj digital

የቁጥር ሰዓት

el minuto

ደቂቃ

la hora

ሰዓታት

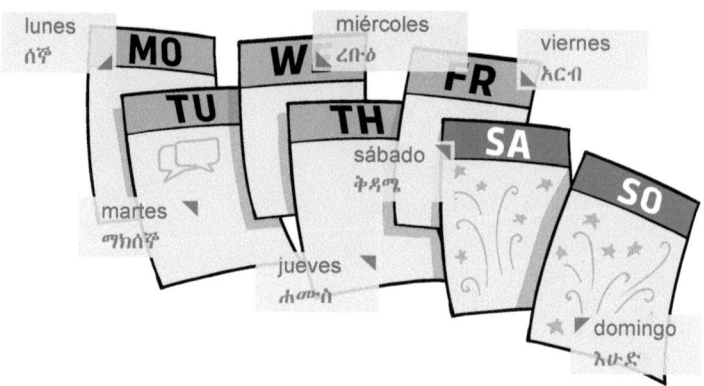

lunes
ሰኞ

miércoles
ረቡዕ

viernes
ኣርብ

martes
ማክሰኞ

sábado
ቅዳሜ

jueves
ሐሙስ

domingo
እሁድ

ayer

ትላንት

hoy

ዛሬ

mañana

ነገ

la mañana

ማለዳ

el mediodía

ቀትር

la tarde

ምሽት

MO	TU	WE	TH	FR	SA	SU
1	2	3	4	5	6	7
8	9	10	11	12	13	14
15	16	17	18	19	20	21
22	23	24	25	26	27	28
29	30	31	1	2	3	4

los días hábiles

የስራ ቀናት

MO	TU	WE	TH	FR	SA	SU
1	2	3	4	5	6	7
8	9	10	11	12	13	14
15	16	17	18	19	20	21
22	23	24	25	26	27	28
29	30	31	1	2	3	4

el fin de semana

የዕረፍት ቀናት

el año
ዓመት

la lluvia
ዝናብ
el arco iris
ቀስተ ዳመና
la nieve
ጥጥ የሚመስል አመዳይ በረዶ
la primavera
ፀደይ
el verano
በጋ
el otoño
መኸር
el invierno
ክረምት

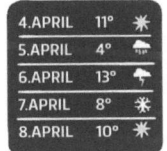

4.APRIL 11°
5.APRIL 4°
6.APRIL 13°
7.APRIL 8°
8.APRIL 10°

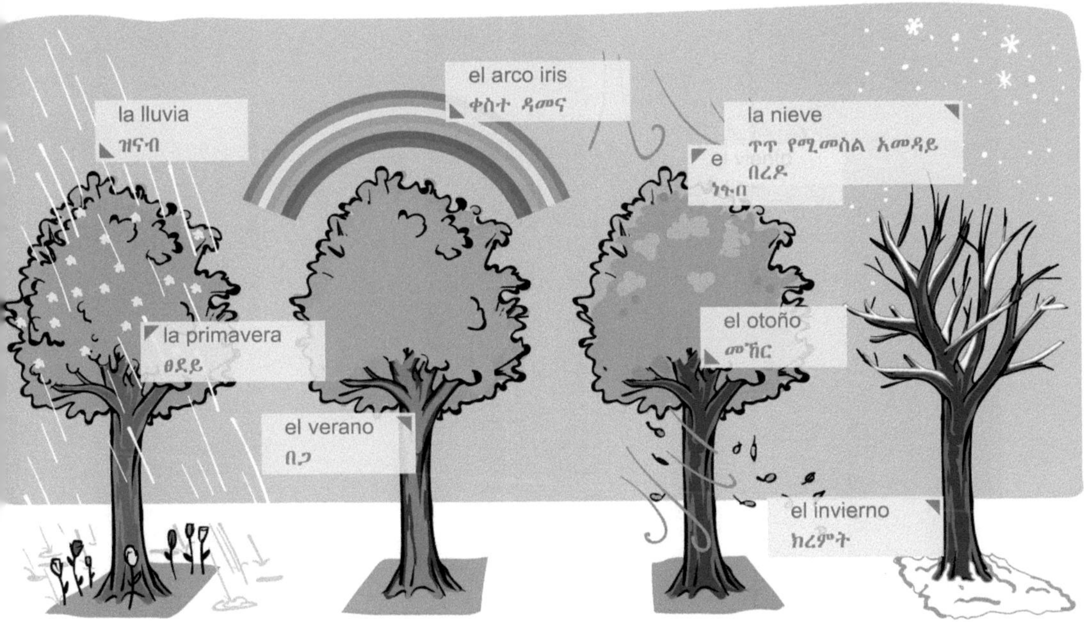

el pronóstico meteorológico

የአየር ሁኔታ ትንበያ

F C
120 40
90 30
60 20
30 10
0 0
-30 -10
-20

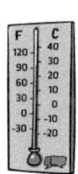

el termómetro

የሙቀት መለኪያ

la luz del sol

የፀሀይ ሙቀት

la nube

ደመና

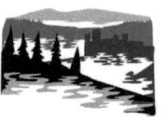

la niebla

ጭጋግ

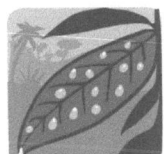

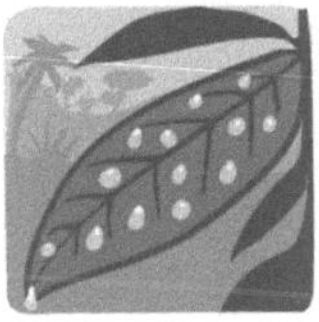

la humedad

እርጥበታማነት

el rayo

መብረቅ

el trueno

ነጎድጓድ

la tormenta

አዉሎ ንፋስ

el granizo

የበረዶ ዝናብ

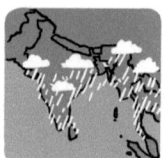

el monzón

አዉሎ ንፋስ

la inundación

ጎርፍ

el hielo

በረዶ

enero

ጥር

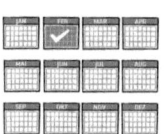

febrero

የካቲት

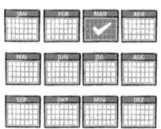

marzo

መጋቢት

abril

ሚያዝያ

mayo

ግንቦት

junio

ሰኔ

julio

ሐምሌ

agosto

ነሀሴ

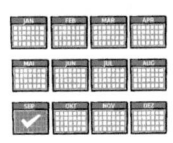

septiembre

መስከረም

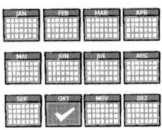

octubre

ጥቅምት

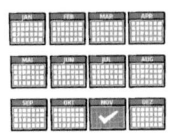

noviembre

ህዳር

diciembre

ታህሳስ

las formas
ቅርፆች

el círculo

ክብ

el cuadrado

አራት ማዕዘን

el rectángulo

አራት ቀጥተኛ ማዕዘኖች ጎኖች
ያሉት ቅርፅ

el triángulo

ሶስት ማዕዘን

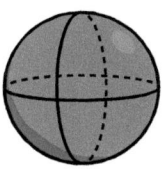

la esfera

ሉል

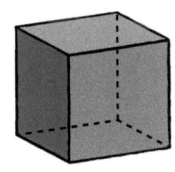

el cubo

ስድስት ጎን ያለዉ ቅርፅ

blanco

ነጭ

amarillo

ቢጫ

naranja

ብርቱካናማ

rosa

ሮዝ

rojo

ቀይ

violeta

ወይን ጠኅር

azul

ሰማያዊ

verde

አረንጓዴ

marrón

ቡኒ

gris

ግራጫ

negro

ጥቁር

mucho / poco

ብዙ/ ጥቂት

enojado / tranquilo

ንዴት/ እርጋታ

lindo / feo

ቆንጆ/ አስቀያሚ

el principio / el fin

ጅማሬ/ ፍፃሜ

grande / chico

ትልቅ/ ትንሽ

claro / oscuro

ደማቅ/ ደብዛዛ

el hermano / la hermana

ወንድም/ እህት

limpio / sucio

ንፁህ/ ቆሻሻ

completo / incompleto

የተሟሊላ/ ያልተሟሊላ

el día / la noche

ቀን/ ምሽት

muerto / vivo

የሞተ/ ህያዉ

ancho / angosto

ሰፊ/ ጠባብ

comestible / no comestible

የሚበላ/ የማይበላ

malo / amable

ክፉ/ ደግ

entusiasmado / aburrido

ደስተኛ/ ድብርተኛ

gordo / flaco

ወፍራም/ ቀጭን

primero / último

መጀመርያ/ መጨረሻ

el amigo / el enemigo

ጓደኛ/ ጠላት

lleno / vacío

ሙሉ/ ጎዶሎ

duro / blando

ጠንካራ/ ለስላሳ

pesado / liviano

ከባድ/ ቀላል

el hambre / la sed

ረሃብ/ ጥማት

enfermo / sano

ህመም/ ጤንነት

ilegal / legal

ህገወጥ/ ህጋዊ

inteligente / estúpido

ጎበዝ/ ደደብ

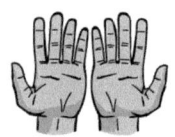

izquierda / derecha

ግራ/ ቀኝ

cerca / lejos

ቅርብ/ ሩቅ

nuevo / usado

አዲስ / አሮጌ

nada / algo

ምንም / የሆነ ነገር

viejo / joven

ሽማግሌ / ወጣት

encendido / apagado

የበራ / የጠፋ

abierto / cerrado

ክፍት / ዝግ

silencioso / ruidoso

ፀጥታ / ጫጫታ

rico / pobre

ሃብታም / ደሃ

correcto / incorrecto

ትክክለኛ / የተሳሳተ

áspero / suave

ሻካራ / ለስላሳ

triste / contento

ሐዘን / ደስታ

corto / largo

አጭር / ረዥም

lento / rápido

ዝግተኛ / ፈጣን

mojado / seco

እርጥብ / ደረቅ

caliente / frio

ሞቃት / ቀዝቃዛ

guerra / paz

ጦርነት / ሰላም

0

cero

ዜሮ

1

uno

አንድ

2

dos

ሁለት

3

tres

ሶስት

4

cuatro

አራት

5

cinco

አምስት

6

seis

ስድስት

7

siete

ሰባት

8

ocho

ስምንት

9

nueve

ዘጠኝ

10

diez

አስር

11

once

አስራ አንድ

12
doce

አስራ ሁለት

13
trece

አስራ ሶስት

14
catorce

አስራ አራት

15
quince

አስራ አምስት

16
dieciséis

አስራ ስድስት

17
diecisiete

አስራ ሰባት

18
dieciocho

አስራ ስስምንት

19
diecinueve

አስራ ዘጠኝ

20
veinte

ሃያ

100
cien

መቶ

1.000
mil

ሺህ

1.000.000
el millón

ሚሊዮን

el inglés

እንግሊዝኛ

el inglés americano

የአሜሪካ እንግሊዝኛ

el chino mandarín

የቻይና ማንዳሪን

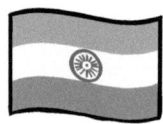

el hindi

ሂንዱ

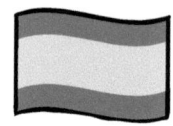

el español

ስፓኒሽ

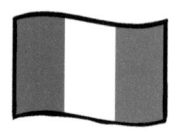

el francés

ፍሬንች

el árabe

አረብኛ

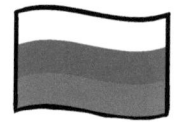

el ruso

ራሺያኛ

el portugués

ፖርቹጊዝ

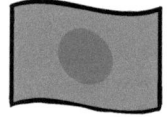

el bengalí

ቤንጋሊ

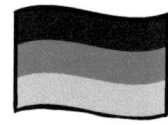

el alemán

ጀርመን

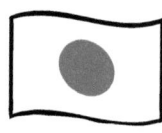

el japonés

ጃፓንኛ

yo

እኔ

vos

አንተ

él / ella

እሱ/ እርሷ/ እቃዉ

nosotros

እኛ

ustedes

አንተ

ellos

እነርሱ

¿quién?

ማን?

¿qué?

ምን?

¿cómo?

እንዴት?

¿dónde?

የት?

¿cuándo?

መቼ?

el nombre

ስም

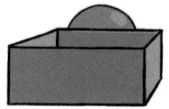

detrás

በስተጀርባ

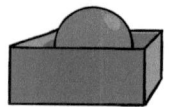

en

ዉስጥ

adelante de

ከፊት ለፊት

por encima de

ከላይ

sobre

ላይ

debajo de

ከስር

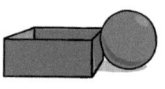

al lado de

አጠገብ

entre

መሃከል

el lugar

ቦታ